オプション取引活用術

石原健次郎 著

ビジネス教育出版社

本書の内容につきましては、読者にとって役に立つと思われる金融理論をできるだけ紹介するよう努めていますが、最終的には筆者自身の解釈および見解のもとで執筆しています。また、いかなる金融市場も分析通りの動きをするとは限りません。投資の判断は、最終的に読者ご自身で行うようにしてください。

はじめに

日本経済は長年にわたるデフレからやっと脱却しつつあり、株価はそれを先取りして、２０１２年10月末に８９２８円であった日経平均株価は、２０１３年12月24日には6年ぶりに１万６０００円を上回りました。２０２０年開催の東京オリンピックや、安倍政権が掲げる成長戦略も、株式相場にとって歓迎すべきことであることには間違いないでしょう。

振り返ってみると、株式投資で儲けることは、「バブル」を生み出した異常と思われる時期を除けば、容易なことではなかったような気がします。１９８０年代後半のバブル期、２００５年の小泉郵政改革選挙後の年後半、２０１２年12月から２０１３年の春にかけてのアベノミクス相場といわれた時期には、株価は右肩上がりの強い上昇相場を形成し、投資家は株価上昇を裏付ける経済的根拠が乏しくなっても熱狂的に株式を買い続け、その結果株価は上昇し続けました。

このようなときには、株式投資で儲けるのはそれほど難しくはなかったといえるでしょう。しかし、上昇相場が永遠に続くはずがありません。

ところが、一度株式投資で儲けた経験をもつと、株式投資の虜《とりこ》になり、株式を買って儲からなくなってしまっても株式を買い、結局のところ儲けた資金を失う羽目になってしまうのがおちのような気がします。株式投資はかくのごとく、儲からないことの方が多いといっても過言ではないと思われます。

アカデミックな分析によると、株価は規則性がなく自由奔放に変動し、短期的に株価が上がるか下がるかの確率はそれぞれ50％だといわれています。もしこの説が正しいとすると、株式投資で短期売買を繰り返せば、取引コストがかかるので資産は着実に減っていくことになります。

中長期的に株式投資で儲けるには、右肩上がりの上昇相場がなければ容易なことではありません。

一方、株式投資と違って、本書で紹介するオプション取引というのは相場が上昇しても、下落しても、また膠着状態になって動かなくなってしまっても、そのときどきの状況に応じて儲けるチャンスを与えてくれます。

株式での信用取引では、相場が動かなくなってしまえば、儲けるすべがありません。オプションは相場環境に応じて、オールマイティーに儲ける機会を提供してくれる商品だといえます。また、オプション取引は勝率を70～80％に上げることも可能です。勝率50％の株式の短期売買と比べれば、オプション取引の優位性は明白です。

オプション取引は、このように魅力的な商品であるにもかかわらず、株式投資ほど普及しないのは、商品の複雑性とオプション投資に付随するリスクにあると考えられます。

確かに、オプションは複雑な商品であることには違いはありませんが、投資の基本戦略は「安く買って高く売る」、または「高く売って安く買い戻す」ことなので、オプションにおいてもこの基本戦略を実行できる戦術を身につければ株式投資とさほど違いはないと考えます。

オプションは「ハイリスク・ハイリターン」的な商品だといえますが、商品の仕組み、取引ルール、特性を正しく理解して、自分の投資資金額、リスク嗜好《しこう》にあった使い方をすれば、オールラウンドで儲けるチャンスを与えてくれる素晴らしいものです。これらのことを十分理解したうえでオプション取引を行えば、長期的に資産を増やすことが十分期待できるはずです。

本書は、オプション取引を知らない人のための入門書としてのみならず、オプション取引をすでに行っている投資家にとっても役に立つ情報をたくさん収録しています。ぜひこの機会に、株式投資やＦＸ取引のみを行っていた方も、オプション取引への理解を深めていただき、少しでも投資家の皆さんのお役に立つことができれば幸いです。

オプションの解説書といえば、難解な数式やあまりなじみのないギリシャ文字が羅列してある場合が多く見られます。本書においてはできるだけ数式やギリシャ文字を使わないよう、また感覚的に理解できるよう努めました。

石原　健次郎

２０１４年　初秋

『オプション取引活用術』——目次

PART 3

オプション取引を実践するために

カバーデザイン・株式会社ヴァイス

PART 1

まずは投資の基礎知識を確認しておこう

（1）株式投資の基礎知識

オプションを理解するには、金融の知識もある程度必要です。オプションの解説をする前に、投資の基礎知識を身につけていただきたいと思います。投資の基礎知識は、オプションを理解するうえで、またあなたが今まで行っていた株式投資や他の投資にもきっと役に立つはずです。

1　株価は何で決まるのか？

1.1　株価は需給関係で決まる

株価はオークションで決まります。ヤフーオークションのように、売りたい人と買いたい人の需給関係で価格が決まります。ヤフーオークションと多少違う点もありますが、価格が形成される仕組みは同じです。株を買いたいと思う人が増えれば、買い手同士の競争が激しくなり、より高い価格を提示しないと株が買えなくなるので株価は上がります。反対に株を売りたいと思う人が増えれば、売り手同士の競争が激しくなり、より安い価格を提示しないと株が売れなくなるので株価は下がります。そのときの投資家の心理状況次第で、積極的に株を買いたい人が増えたり、また積極的に株を売りたい人が増えたりします。

このように、株価は人の思惑で上がったり下がったりするものです。市場には、多くの人が参加しています。短期売買で利益を追求するヘッジファンド*、長期的視点で年金基金を運用する金融機関や、さまざまな考え、思惑を持った個人投資家が市場に参加しています。投資の作戦や投資期間は千差万別ですが、不思議なもので、株価はオークションのおかげで一物一価に決まります。政府や特定の人が株価を決定するわけではありません。

株価はオークションで決まる以上、オークションに参加する投資家の行動を予測できれば、株価をある程度予測することができるは

図表 1-1　株式取引のオークション

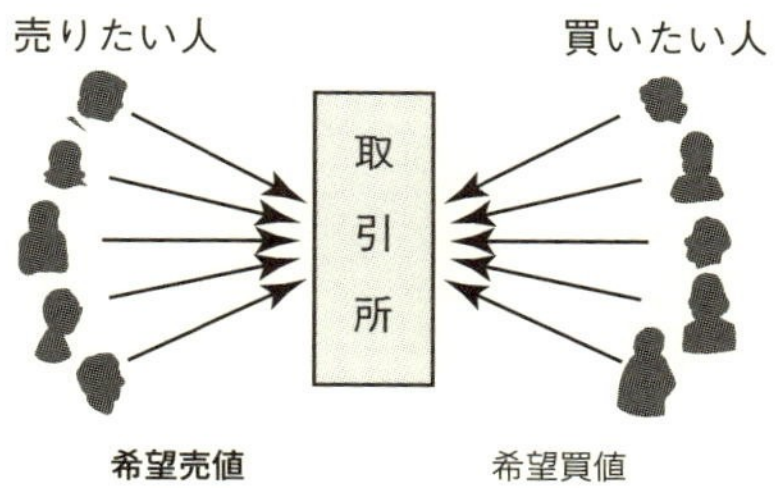

ずです。少なくとも株価が上がるか下がるかは予測できるでしょう。株価が上がるか下がるかを判断する人の思惑を分析することが、株式投資に役立つはずです。

＊　ヘッジファンドとは、統一的な定義はないが、一般的には富裕層などから私的に大きな資金を集め、株、コモディティや派生商品等で運用するファンドのことをいう。

1.2　株価はどういった要因で左右されるのか

投資家は株価に影響を与える要因を考えて行動しています。景気が悪くなり、企業業績が日増しに悪くなっているときより、景気が良くなって企業業績がどんどん良くなっているときの方が株を買う意欲が高まります。

では、いったいどういう要因が株価を左右すると考えられているのでしょうか。

株価に影響を与える要因には、図表1－2に掲げるような経済や企業内部の要因（いわゆるファンダメンタルズ）が考えられます。

株価は経済情勢や金利が変われば変動しますが、最終的には企業業績で株価が決まるといっても過言ではないと思われます。経済活動が活発になれば、企業業績が良くなり株価は上昇するものです。金利が低下すれば、企業が負担する借入金の金利が少なくなり、その分利益が増え、株価が上昇します。また、企業がより積極的に設備投資や商品の買い付けを行うようになり、経済活動は活発になり、企業の業績も良くなります。経済活動や金利が逆の方向に動けば、それらの企業業績に対する影響は逆になり、株価は下がります。

株式相場について、「木を見て森を見ず」という格言があります。これは、株式相場全体の動きを見ないで、個別の銘柄の株価のみに注目するという投資スタンスです。現実には、個別銘柄の株価は株式全体の動きに何らかの影響を受けて変動します。いくら業績の良い会社でも、株式相場全体の動きを示す日経平均株価や東証株価指数

図表 1-2　株価を動かす要因

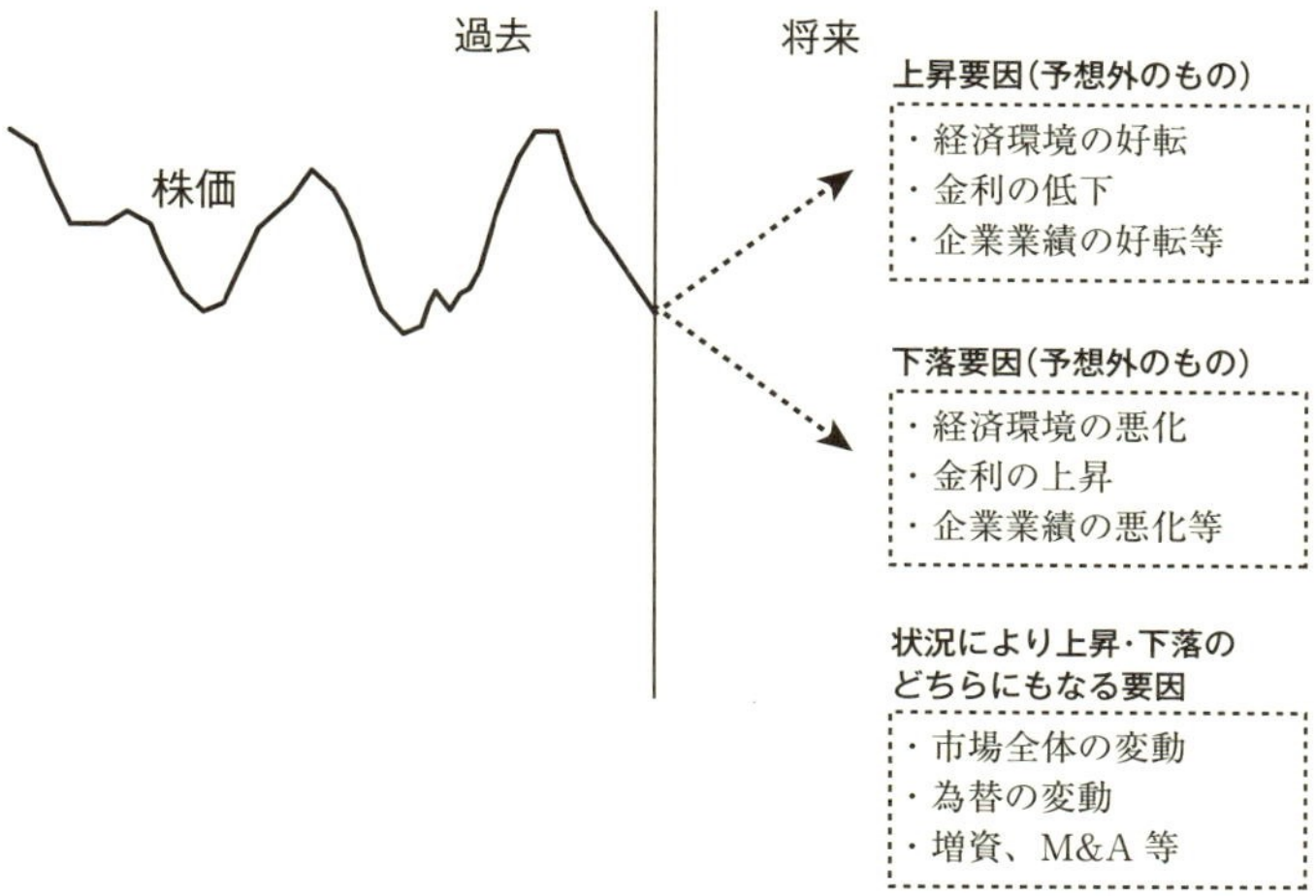

（ＴＯＰＩＸ）が急落すれば、株価は下がります。業績とは無関係に株価に影響を与える要因の一つが相場全体の動きだといえます。相場全体の動きは経済状況や金融環境に大きく依存します。経済全体が悪くなれば、めぐりめぐって一企業の業績も大なり小なり悪化するからです。これに対して経済全体が良くなれば、財布のひもも緩くなって消費活動も活発になり、ひいては個別企業の業績も良くなります。

では、株価と企業業績とはどういう関係にあるのか、それがわかればある程度株価を予測することができるかもしれません。

1.3　企業の財務内容から見た株価の理論価格

株主（株式の所有者）は、その会社を解散したときに残った財産を受け取る権利があります。したがって、その会社が負債を返済した後に資産が残っていれば、株主はその残った資産を株式の所有比率に応じて受け取ることができます。

このような、会社を解散するときの会社の正味資産価値のことを解散価値といいます。計算上の解散価値がマイナスになる場合（負債の額が資産の額を上回っている場合）でも、解散価値はゼロと認識されます。なぜならば、株主は負債を穴埋めする義務は持っていないので、資産を処分してもなおかつ負債の一部が残った場合でも、責任を負う必要はないからです（これを株主の有限責任といいます）。

株価は通常、解散価値を上回って取引されています。それは、会社を存続させることで、会社は将来利益を生み出し、会社の資産を増やすことができるからです。株価とは、その会社が将来創出すると想定される利益が解散価値に加算され、それが実際の株価となるわけです。

将来にわたって会社が利益を上げることができないのなら、その会社はただちに解散するのが最良の選択肢になります。なぜなら、その会社が倒産するのは時間の問題だからです。

図表 1-3　資産・負債・株価の関係

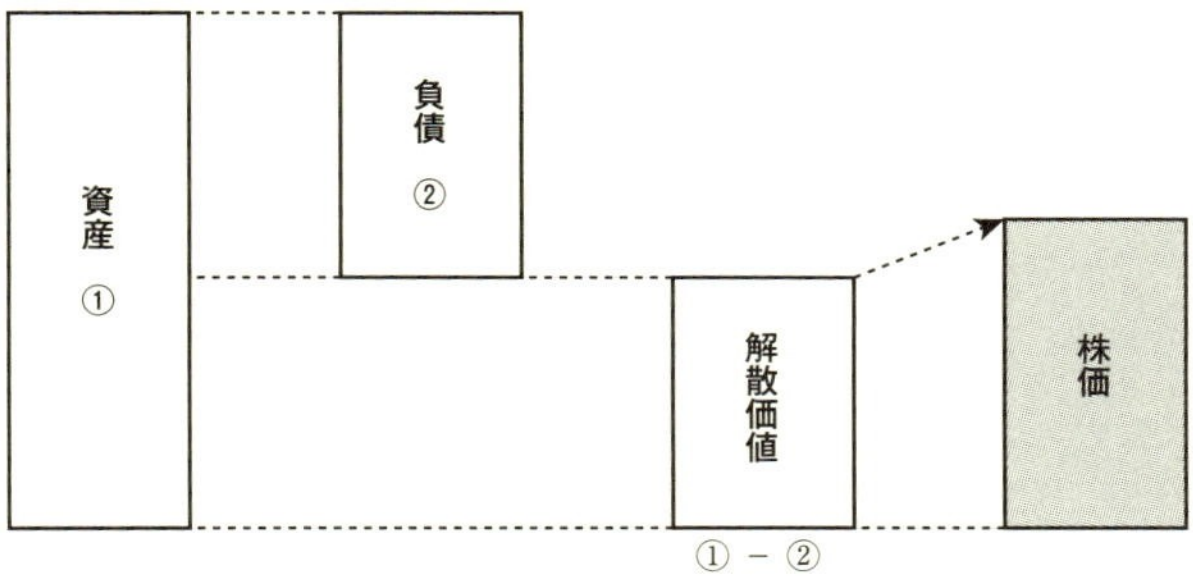

注：図表中の資産・負債・解散価値は、1株当たりの額を意味する。

会社が倒産するということは、その会社の資産より負債の方が大きくなるということなので、解散価値がゼロとなれば株価もゼロとなります。このような会社の株価はゼロに向かって右肩下がりとなるでしょう。

企業経営者は、業績を伸ばし利益を増やすために会社を経営しています。企業は永遠に成長することを目指しているといえるでしょう。

株価の理論価格は、その会社の将来のキャッシュフロー（会社が受け取るすべての現金収入からすべての現金支出を差し引いた残額のことをいい、おおざっぱにいえば利益に減価償却費を加算した額に近い額です）を現在価値（63ページ参照）に換算した合計額だと言われています。

企業は成長することを目指しているので、会社の将来のキャッシュフローも毎年成長することを目指しています。ところが、通常1年先や2年先程度の将来であれば、会社の利益およびキャッシュフローを予想するのはそれほど難しい作業ではなさそうですが、20年先の会社の将来像を予想するのは不可能に近いことではないでしょうか。

さらに、トヨタ自動車のような比較的安定的に成長している会社ならまだ不可能ともいえませんが、フェイスブックのように、成長が著しく、さらに技術革新や競争も激しいような会社の将来像を予想するのは非常に難しい作業と言わざるを得ません。企業によって成長の度合いも違い、予想される成長に対する信頼性もかなり違うはずです。そのため、それぞれの企業に応じた割引率でその会社の将来のキャッシュフローを割り引いて現在価値に換算するわけです。フェイスブックの将来の利益の伸び率がいくら高くても、その不確かさはトヨタ自動車より大きいので、トヨタ自動車より割り引いて将来のキャッシュフローを現在価値に換算します。

こんなことを言われても、企業のキャッシュフローを予想し、さらに将来に対する割引率を推測して得られた数値は、現実的にどれぐらいの信ぴょう性があるのか、はなはだ疑問です。したがって一般的には、簡便的にその会社の利益に対して株価は何倍（ＰＥＲと呼ばれるもので株価収益率と訳されています）くらいが妥当なのかを過去の実績からはじき出し、それをたとえば来期の予想利益に当てはめて株価を予想するという方法が使われています。

図表 1-4　株価の理論価格

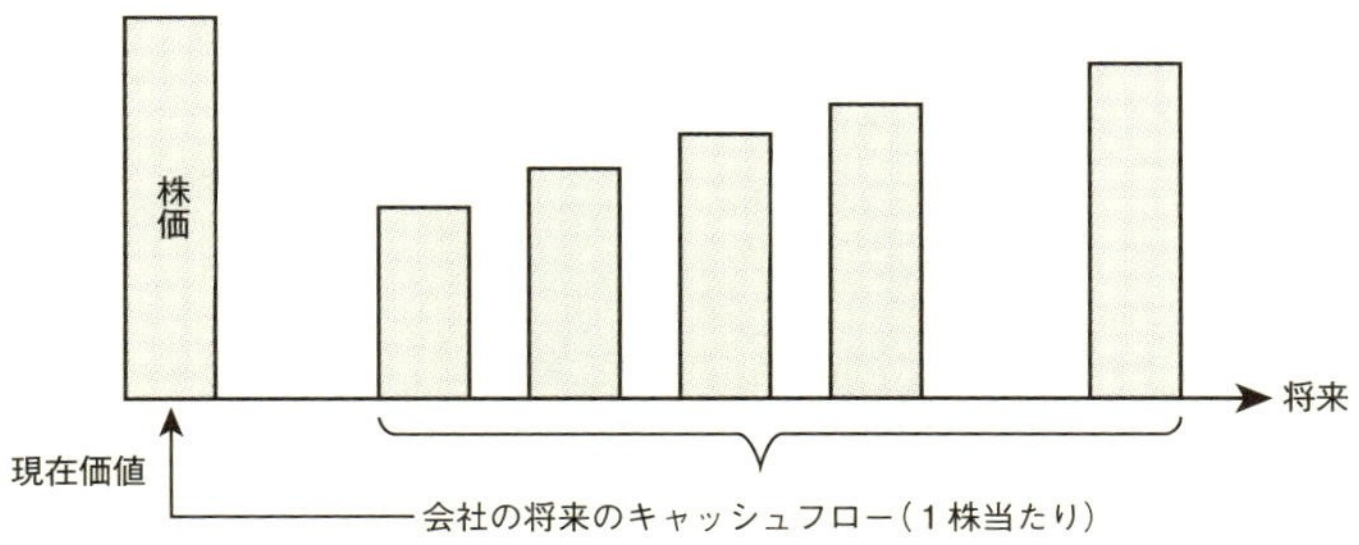

来期の利益を予想するのはそれほど難しい作業ではないのですが、画期的な技術革新や過去の成長路線からかけ離れた企業活動は通常想定されていないので、このようにして計算された予想株価は現在の株価の延長線上に過ぎないかもしれません。

米国のマイクロソフトは１９８６年から１９９９年までの13年間で、毎年利益を増やし続け、その間、株価は０・１７ドルから58ドルに上昇しました。１９８６年時点で、市場がマイクロソフトの10年先の業績を的確に予測できていれば、１９８６年での株価は０・１７ドルではなかったはずです。理屈は簡単でも、予測するのはかくも難しいものです。

図表 1-5　予想株価（簡便法）

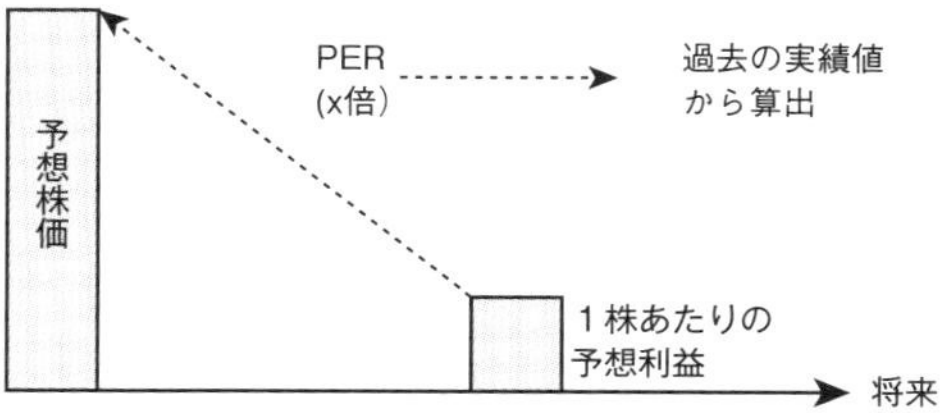

1.4　PBR（株価純資産倍率）が意味するもの

「ＰＢＲから見て、株式は売られ過ぎ」というコメントを見かけたことがあると思いますが、本当にそういうことがいえるのでしょうか。

ＰＢＲは株価に対する企業の１株当たりの純資産額（総資産額から負債の額を控除した額）で

あり、1を下回れば、株価は会社の解散価値を下回るので割安だといわれます。図表1－6は、バランスシートの数字から計算したPBRが1を下回っている状態です。

株価は通常、解散価値を上回って取引されていると前項で解説しました。前述した内容はこれに矛盾することになりますが、通常、PBRはバランスシートの数字に基づいた純資産額から計算されるので、資産価格が時価に近い場合のみPBRは意味がある数値だと考えられます。資産価格が時価と大きく乖離《かいり》している場合、バランスシートの数字に基づいた見かけ上の解散価値と真の解散価値が大きく乖離するからです。

企業の資産の中には、在庫、売掛金、有価証券、

図表 1-6　PBR（デフレ下で１を下回っている状態）

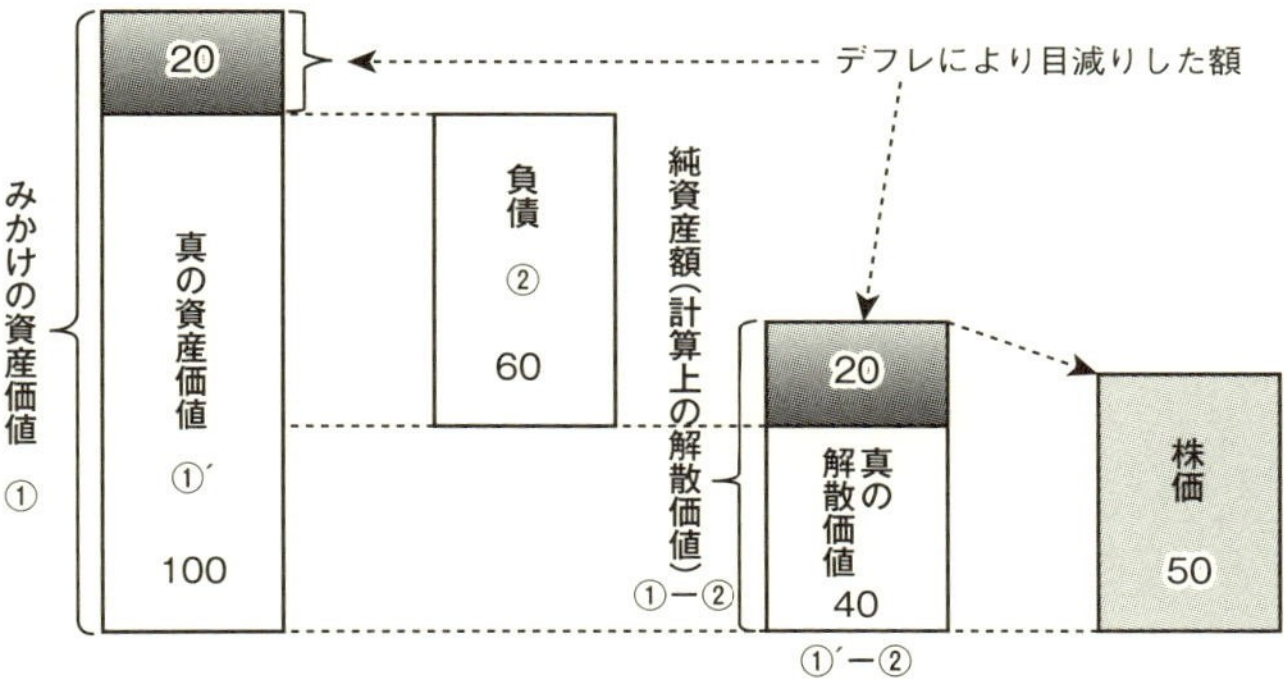

PBR（株価純資産倍率）＝株価÷計算上の１株当たりの純資産額
＝50÷（120－60）
＝0.833＜1

注：図表中の資産価値・負債・解散価値は、１株当たりの額を意味する。

土地、建物等や機械設備等があり、その中で特に在庫、長期保有目的の有価証券、土地、建物等の時価はデフレ下では過大表示され、真の資産価値は見かけの（バランスシート上の）資産価値より小さくなります。一方、負債の方は目減りがない（借入金の額はデフレ下であっても誰も減額してくれません）ため、デフレ下では真の純資産額は見かけ上の純資産よりかなり小さくなるといえます。

したがって、ＰＢＲが1を下回れば株価は割安であるとは一概にはいえません。特に、負債比率の高い企業や、在庫、有価証券、土地等の資産比率の高い企業ほど、注意が必要だといえます。ＰＢＲが極端に低く、負債比率の高い企業は、割安どころか、債務超過に陥るリスクが高いことの裏返しともいえ、逆に敬遠した方がいいといえるかもしれません。

デフレが修正されつつあるといわれていますが、多くの企業のバランスシート上の資産価格が時価を上回るのはまだまだ先の話だと思われますので、念のため。

1「株価は何で決まるのか？」まとめ

● 株価はオークションで決まる。

●株価は経済環境や企業業績等のファンダメンタルズに影響され、また市場全体の動きにも左右される。

●株価の理論価格は将来のキャッシュフローを現在価値に換算したものであるが、現実的にこの方法で理論株価を算出することは不可能に近い。

●簡便的に株価を予想するには、１株当たりの予想利益に予想ＰＥＲ（株価収益率）を乗じて算出するが、この方法では画期的な技術革新等が反映されにくい。

●デフレ下ではＰＢＲ（株価純資産倍率）は過小評価される。それは、デフレ下では真の解散価値はバランスシート上の純資産額を下回っているからである。

コラム

雲ひとつない晴天が長く続いた場合は要注意

経済活動や企業業績が順風満帆の状態で、株価が右肩上がりに上昇を続け、ほとんどのアナリストが強気な見通しを立て、さらに市場心理は超強気に傾いている株式市場を想像してください。市場は雲一つなく晴天が長く続いているような状態であるといえます。このようなとき、投資家は安心して株式を買い続け、将来さらに株価が上がることを期待して株式を保有し続けようとします。

このようなときこそ、逆に要注意だといえます。安心しきっている状態が長ければ長いほど、一瞬の予期せぬ好ましからぬ出来事が発生した場合、マーケットは急落する場合があるからです。大半の投資家が安心しきっているときは、買い持ちのポジション（61ページ参照）が積み上がっているので、株価は一定水準以上下落すると大きく下落してしまうことがあります。そんなときは、株価の予想外の上下の振幅が比較的長く続く場合が往々にしてあるのです。

大きな予期せぬ望ましからぬ出来事（たとえば、巨大企業の倒産やテロまたは天変地異）が発生した場合、投資家はパニックに陥り、株式を保有していることに恐怖を感じて、損失覚悟で株式を売却する行動にでます。また、信用取引やデリバティブ取引を行っている場合は、下落幅がある一定レベルを超えると、ストップ・ロス・オーダー（あらかじめ設定された損失額が生じる価格に到達した時点で、自動的に発注される注文）が発注され、価格にかかわらず建玉解消の注文により予想外の価格で取引されることがあります。東日本大震災発生直後に、日経平均株価が1万２５０円からギャップダウン（１６１ページ参照）し、シンガポールで取引されている日経平均先物が瞬間的に７０００円を割りこんでしまいました。

このようなパニック的な売りにより市場が急落した場合は、往々にして株価は急反発する場合が多いものです。事実、日経平均株価は、３日後には９０００円を回復しているのを見ると、当初は投資家がいかにパニックになっていたかがうかがえます。また、その売りにより株価は一時的であったかもしれませんが、底値を形成しているようにも見えます。

問題は、市場がそのようなパニック状態に陥ったとき、平常心で千載一遇のチャンスと見て投資行動をとれるかどうかです。投資家は、このようなときは自分の損失を少しでも少なくするための行動をするのが精いっぱいで、チャンスを捉えることなどできないのが実態だと思います。それゆえ市場はオーバーシュートし（44ページ参照）、想像を絶する下落が生じるのです。１００年に一度または１０００年に一度の確率で起こる事象のために備えをしている投資家はほとんど皆無といえるでしょう。もし、このような事象に遭遇すれば、交通事故のようなものだとあきらめなければなりません。

ただ、いかなる状況になっても、再起不能の状況に陥ったり、破産するようなことは避けなければならないので、耐えうるポジションを常にキープすることが必要といえるでしょう。

2　株価は情報で動くのか、投資家心理で動くのか

2.1　株価と情報

金融理論では、株価はすべての情報を織り込んでおり、新しい情報が出たとたんに、一瞬のう

ちにその情報を織り込むといわれています。このような市場を効率的な市場といいます。

この理論に従うと、ある会社が新発見をし、それによりその会社の業績が倍増すると発表した場合、株価は瞬時にその好材料を織り込むので、その株を買っても、今後さらなる好材料が出なければ、儲けるチャンスは少ないということになります。

ところが、現実の株価の動きを観察すると、株価に影響を与える要因が出ても、その影響度は未知数の場合が多く、また要因そのものが他の不確定要因を誘発し、時間の経過とともにそれらが複雑に絡み合うので、株価変動の材料が出ても一瞬の内に株価は材料を織り込み安定してしまうという場合の方が少ないようにも思えます。

２００８年９月15日に米国の大手証券会社リーマン・ブラザースが倒産した前後のＮＹダウの株価を見てみると、倒産を発表した９月15日(月)はさすがに大きく株価が下がっていますが(ダウは１万１４２１ドルから１万９１７ドルまで約５００ドル（４・４％）下落しました)、その後も株価は大きく下げ続けていることがわかります。株価はリーマン・ブラザースの倒産がもたらす影響を一瞬のうちに消化できていないことを物語っています。株価は、その後も30％近く下落しました。

効率的な市場では、株価はすべての情報を反映しているだけではなく、過去の株価情報は将来の株価を予測するのに何ら役に立たないともいわれています。つまり、過去の株価の動きをもとにしたチャートは何ら将来の株価を予想するのに役に立たないのです。

また、この仮説によれば、株価は過大評価あるいは過少評価されているということはないということがいえます。現実の市場では、投資家は割安な（過小評価されている）、または割安と思われる株式を買い求めます。ところが、価格が常に適正価格であるならば、どんなに調査分析しても、掘り出し物の株を見つけることは不可能という結論になります。アナリスト等が推奨する株式は、そもそも意

図表 1-7　リーマンショック後の株価

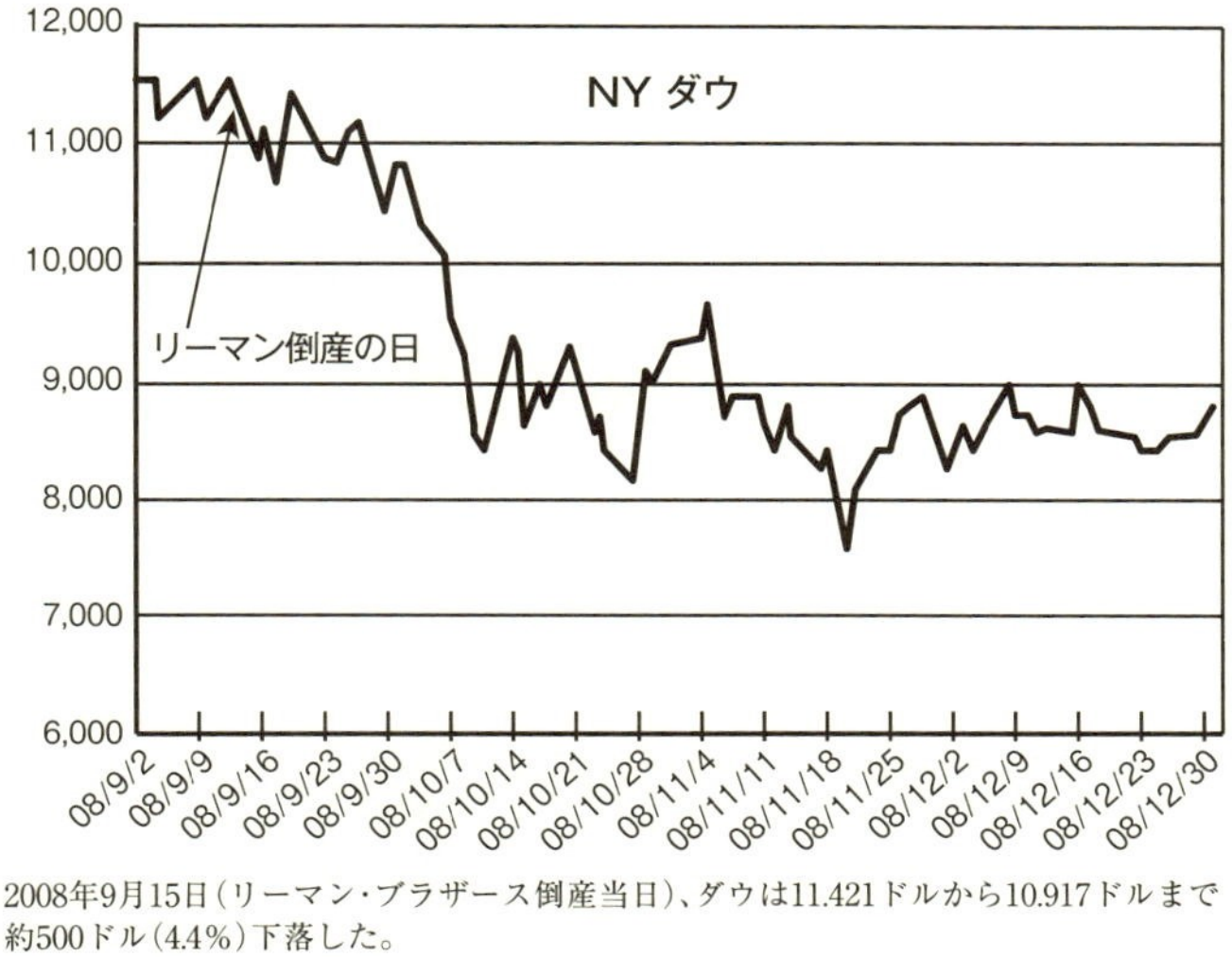

2008年9月15日（リーマン・ブラザース倒産当日）、ダウは11.421ドルから10.917ドルまで約500ドル（4.4％）下落した。

味のないものになってしまいます。

また、価格は常に適正だとすると、バブル時の株価もそのときには適正な価格であったということになります。１９８９年12月に日経平均株価が４万円に迫った後に下落し、その後日本経済は20年近く低迷を続けたわけです。某証券会社は、当時の株価はバブルがもたらした異常な価格であったかどうかを検証しましたが、結論的には、当時の状況を反映した適正な価格であったと結論づけていました。では、適正な価格とはいったいどういうものなのでしょうか。

2.2　株価が想定する企業の将来像

前項で株価はすべての情報を織り込んでいるということを解説しました。もしそれが本当なら、アナリストがいくら分析しても株価はすべてお見通しということになります。マイクロソフトやグーグルの高成長を株価は織り込んでいたはずなのに、どうしてこれらの株価は右肩上がりで上昇を続けていたのでしょうか？

毎年予想以上の利益が出て、どんどん企業収益が上方修正されたからでしょうか。あるいは、時間が経つにつれて、予想収益は変わらなくても、予想収益に対する不確実性が薄れることにより株価は上昇すると考えたほうが妥当なのかもしれません。株価は不確実性が薄れると、不確実なものに対して要求する割引率が小さくなり株価が上がるといわれています。

株価がすべての情報を織り込んでいるといっても、将来のことは不確実要素が多いので、ある程度割り引いて情報を織り込んでいると考える方が妥当なような気がします。1年後のことはある程度予測可能ですが、はっきり言って、10年後のことは誰にもわかりません。グーグルは今から10年後も高成長を続けているかどうかはわかりません。そのため、いくら高成長が期待できる企業であっても、設立当初から長い年月にわたって成長を続けることは、可能性があってもそれを株価が織り込むかどうかは、確信が持てないためその価値を認めません。

ここで逆の発想で考えると、長期にわたり成長を続ける企業を発掘すれば、株価が上昇を続ける株式を発見できるかもしれません。アナリストやアクティブ運用*1を行っているファンドマネジャー*2は、株価が想定していない成長が見込める企業を日々発掘し続けているわけです。読者の方もマイクロソフトのような企業を発掘し、設立当初にその株式を買って10年程度持ち続ければ、大金持ちになれるかもしれません。

＊1　アクティブ運用とは、東証株価指数（ＴＯＰＩＸ）等のインデックスで運用するのと対義的に使われる用語で、株式の個別銘柄に投資する運用方法をいう。

＊2　ファンドマネジャーとは、金融機関やヘッジファンド等で資金の運用を職業としている人のことをいう。

2.3　株価は理由もなく変動する

株価はさまざまな要因で変動するということを解説しましたが、ごく短期間の間（たとえば、1分後や1時間後）では新たな要因または情報がないにもかかわらず価格は変動します。外国為替や他の金融商品の価格についても同じようなことがいえます。

外的要因または内的要因（企業内の要因）の変化がなくても株価は変動し、その動きは不規則です。金融理論では、こういった株式や外国為替の規則性のない価格変動のことをランダムウォークといいます。規則性がない変動ということは、次の瞬間に株価が上昇するか下落するかは神のみぞ知るということになります。

2.4　短期売買を繰り返して利益を得られるか

前項で、株価はごく短期間でランダムに変動するということを解説しました。ランダムに変動するとは、規則性がなく勝手に変化することです。ランダムに変動するものの代表として、サイコロの目やコイントスでのコインの裏表の動きがあげられます。

読者の皆さんはサイコロ賭博やコイントスで儲けられると思いますか？　通常、テラ銭や参加料のような手数料を払わなければならないので、仮にサイコロ賭博やコイントスでの結果がチャラ（差し引きトントン）であっても、手数料の分だけ損をすることになります。株式の短期売買を数多く繰り返せば繰り返すほど、投資結果がチャラに近づき手数料が損失として膨らんでいきます。

図表 1-8　株価の動き

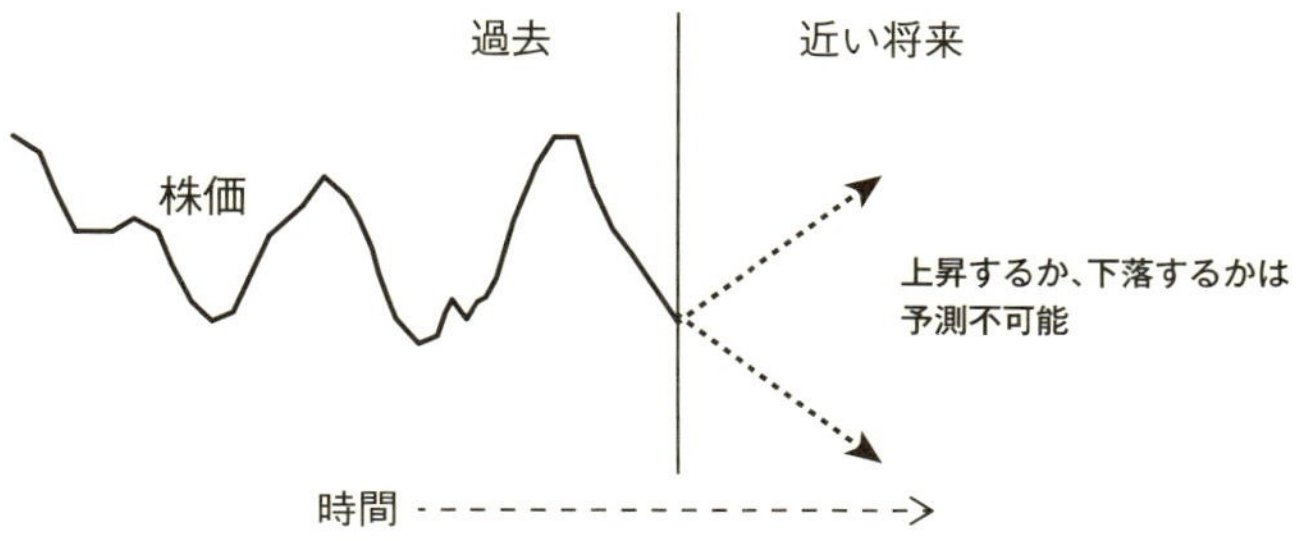

では、どうして多くの人は予測不可能なものに投資するのでしょうか？

それは、皆が株価は予測不可能とは思っていないからかもしれません。自分は儲けられると錯覚をしてしまう、あるいは儲けたいと思う気持ちが強く、つい手が出てしまうという場合もあると思います。

世の中にはさまざまなチャートや投資ツールがありますが、金融理論では、効率的な市場においては、チャートは過去の株価の動きに過ぎず、将来の株価を予想するすべをもっていないといわれています。仮に過去の株価の動きに一定の規則性があれば、その規則性を利用して、将来の価格変動を予測することが可能かもしれません。チャーティスト（チャートをよりどころとして分析する人）はそういった規則性を見出だし、将来の株価の動きを予想するわけです。ひょっとすると、市場は効率的ではなく、あるいは一時的に効率的でなくなり、チャートで将来の株価を予測できるのかもわかりません。最近はやりの高速取引、アルゴリズム取引*や自動売買システムは、過去の価格変動の規則性を利用して、将来の価格変動を予想し、コンピュータで自動売買させる取引です。

外国為替や株式の取引においても、他の商品やサービスと同じように多少なりとも流行というものがあります。著名なチャーティストやベストセラーとなるようなアルゴリズム取引のツールがあったとして、多くの人が同じツールを使って取引を行うと仮定します。この場合、多くの人は、ある一定の条件が起これば同じ方向に行動します。皆が同じ方向に向かえば、今まで混雑していなかった場所も混雑してしまい、スムーズに移動する予定がまったく逆になってしまい、何もしなかったほうがよかったという結果になってしまいます。

これは、日常の行動の中で皆さんが経験をしたことがあると思います。取引も同じで、儲けられるはずだったのが結局損失をこうむるはめになってしまいます。

＊アルゴリズム取引とは、あらかじめプログラムされた方法に従って自動的に売買する取引のことをいう。

仮に市場に規則性が存在しても、その規則性を利用して一儲けしようという力が常に働き、その規則性は長続きしないということです。金融市場では常に売り手と買い手があり、お互い儲けようとがんばっているわけです。だれも、最初から損をしようと思って取引に参加するわけではありません。市場に規則性が存在しない以上、ごく短期間の間に価格が上昇するか下落するかはまったく予測不可能ということになります。短期的に価格が上昇するか下落するかの確率はそれぞれ50%というわけです。つまり、価格が上昇するか下落するかは、コイントスでコインの表が出るかあるいは裏が出るかと同じことになります。

経済学者は株価の動きを理論的に解析し説明づけています。近年では、取引のティックデータ（すべての取引を記録したデータ）などの膨大なデータが手に入るようになり、経済学者はこのような豊富な情報を使ってさらなる解析を進めています。近い将来、過去に発見できなかった新しい規則性が見出されるかもしれませんが、仮に新しい規則性が見出されても、その規則性は永遠に続くことはないと思います。

簡単な例をあげると、たとえば株価は5日連続して下落すれば6日目は上昇し、7日目以降は規則性が見当たらないということがわかったと仮定します。この規則性を利用して、株価が5日間連続して下落する銘柄を5日目に買い6日目に売却すれば必ず利益が得られるので、投資家はそのようにしようと試みます。そうすると、以前には観察されなかった6日目の売り圧力の高まりによって、6日目は株価が上がるどころか下がってしまう結果になります。この例は単純ですが、このような市場メカニズムが規則性を解消する方向へと働きます。

株式の短期売買を繰り返すということは、テラ銭（手数料）を払って確率50／50のゲームを行っているのと同じことなので、回数を重ねれば重ねるほど、残念ながら儲けはゼロに近づき、テラ銭の分だけ損をふくらませるはめに陥ってしまうのが現実だと思われます。ただし、これは、短期売買を繰り返した場合の予想される結末で、長期投資を行う場合には必ずしも当てはまるとは言い切れませんので、念のため。

ちなみに、２０１３年のノーベル経済学賞を受賞した米国の大学教授も、その研究の中で「資産価格の短期的な予測は困難であるが、長期的（3年から5年）には可能である」と結論づけています。

2.5 株価と投資家の心理

投資目的で株式を買うということは、その株式が将来上がると予想しているからにほかなりません。株価が将来下がるかもしれないというような状況では、誰も株式を買うはずがないからです。投資家は、相場がどちらの方向に動くのかを予測し、その予測が当たることを期待しているはずです。相場がどちらの方向に動くのかを予測するには、相場に影響を与える今まで解説したような要因が将来どのようになるかを予測しなければなりません。しかし、それ以上に重要なことは、他の（大多数の）投資家が注目している変動要因を知り、かつ、それがどの程度株価に織り込まれているかを見極めなければならないということです。そして、その変動要因が発表されたとき、大多数の投資家はどういう行動をするのかを推測しなければならないということです。

今後、景気がさらに回復すると考えられても、株価は必ずしも上がるとは限りません。景気回復が予想（市場の予想、つまり投資家の平均的な予想）に反して緩慢であった場合には、株価は下落することもあります。それは、多くの投資家が、景気が良くなるから株価は上がるだろうと思い、景気回復を裏づける経済指標等が発表される前に株式を買っておこうという行動に出ます。その後、経済指標等が発表になれば手持ちの株式を売ろうという行動に出るからです。多くの人が株式を売ろうとすれば株価は上がるどころか、下がってしまいます。現実のマーケットではこのようなことが起こります。

企業業績が良くなると思われても、その企業の株価は必ずしも上昇するとは限りません。企業業績の回復が市場の予想ほど良くなかった場合には、その企業の株価は下落する場合もあります。1年後のある企業の利益をピタリと予測できても、その会社の株式を買って、必ずしも儲けられるとは限りません。

株価や外国為替は、将来起こり得る経済・金融情勢等の変化を織り込んでいるので、予想通りの結果が表れても価格に与える影響は中立的で市場は反応しないのです。予想外のものが表れた場合に、市場は反応します。

株価は多数の投資家の思惑に基づいて決定され、将来起こり得る経済情勢等の変化を織り込んでいます。株価を予想するということは、経済情勢等の変化を予想するのではなく、その株価の中に反映されている市場の経済情勢等の予想を見極め、その結果が発表された場合の反応の仕方を予想することにつきます。

経済学でよく取りあげられる「美人投票」という言葉があります。これは、客観的にどの人が美人だと判断するのではなく、他人が、どの人が美人だと思っているのかを予測することです。これと同じようなことです。重要なことは、投資家の思惑を予想しなければ、株価の動きを予想できないということです。

2.6 市場は気まぐれ

株価は同じ要因でも反応の仕方が一定ではありません。同じ悪材料であっても、そのときどきの市場心理は同じではないので、株価に対して反応の仕方が違います。市場心理が強気に傾いているときは、悪材料は無視され、好材料には素直に反応する傾向があります。また反応の仕方も一定ではないので、マーケットは非常に気まぐれであるといえます。

スケジュールが決まっている経済指標などの発表などでは、事前の予想があるので、株価は通常その予想よりいいか悪いかで発表直後に反応しますが、突然の出来事に対しては、事前の予想がないので、反応の仕方は、そのときの市場心理や株式の需給関係が大きく影響します。

この世には予測不可能なことも多く存在します。天変地異がその代表といえるでしょう。平成23年3月11日に発生した東日本大震災は誰も予想することができませんでした。事件・事故は予測することができません。事件・事故が起こった場合、マーケットはそれに反応して通常最初は下落します。しかし、その後は上昇に転じる場合が多く、一般的に事件・事故は買い要因であるといわれています。ただし、東日本大震災のような経済的に極めて大きなダメージを与えるものは、必ずしも買い要因ではないかもしれません。

いずれにしても、このようなまったく予測不可能なことが市場を大きく左右する場合があるということを頭の片隅に入れておかなければならないということです。予想外の出来事が発生して、回復不能な状態になることだけは避けなければなりません。


人の心は、同じ状況に置かれても、そのときの気分や天候によっても左右されるといわれています。よく満月の日には、人の精神状況も過敏になって株価が大きく動くと言われているのも、あながちまったく根拠がないわけではないのでしょう。

経済学者は、投資家を一つの大きな集合体としてとらえ、統計的に投資行動を説明しようとしますが、そもそも他人の心理は他の人にはわからないので、そのようなことが可能かどうか疑いたくなるものです。

将来の株価について、世論調査のような調査ができたとしても、利害が絡んでいるので自分に不利になるようなことは他人には漏らさないものです。トランプや他のゲームで自分の手の内をさらす人がいないのと同じような行動です。

2.7　理論と現実のギャップ

不思議なもので、金融理論では、チャートの有効性を否定し、アナリストが予想する株価も無意味なものと解釈し、短期売買で利益を得るのは困難だといわれているにもかかわらず、経済学者も含めて多くの投資家が株式投資を繰り返しています。理論的には儲けることができないといわれているにもかかわらず、多くの投資家の売買が交錯しています。

そこでは、多数の参加者が千差万別の作戦で他人を出しぬいて成功を収めようとしているわけです。チャートを利用して取引する人もいます。アナリストの推奨する銘柄を好んで買う投資家もいます。自動売買システムを利用して、先物取引を毎日行っている人もいます。

どうして理論的に否定されていることを毎日多くの投資家が行っているのでしょうか。それは、金融理論を知らないからか、知っていても正しいと思っていないためか、理論そのものが間違っているか理由はわかりませんが、株式市場は多くの投資家を引き付ける魔力のようなものを持っているのでしょう。

経済学者は、投資家は集団としてみれば、合理的に判断して投資行動を行っていると言っていますが、人は直観や感情で判断する場合も多いと思います。直観や感情が高まった結果オーバーシュート（行き過ぎたり、度を越したりすること）やバブルが発生するのではないかと筆者自身思っています。

いずれにしても人は貪欲であるがゆえ、英知を絞って、株式投資や他の金融商品の投資で儲ける方法を研究し、日々試みるわけです。太古の時代より、ギャンブルで儲ける方法の研究はされていたわけです。

短期的には、このような研究が功を奏して勝ち続けることが可能な場合もありえます。しかし、永遠に勝ち続けることは不可能です。それは、トランプのポーカー等と同じで、人は人や相場の癖を分析し、頭のいい人は、逆を読んで、セオリー通りに行動しないことで利益を得ようと企みます。そのため、癖があってもまたすぐに違う癖が現れ、時間の経過とともに行動パターンがどんどん変化するからです。新しい学説が登場して、理論的に株式投資で儲ける方法が発表されるかもわかりません。しかし、もしそのような方法が発表されれば、皆その方法に従います。皆が同じ方向に向かえば結果はおのずとわかります。

――２「株価は情報で動くのか、投資家心理で動くのか」まとめ――

●効率的な市場では、株価はすべての情報を反映しているだけでなく、過去の株価情報は将来の株価を予測するのに役に立たないといわれている。

●ごく短期間では、株価や外国為替は理由もなく変動し規則性のない動き方をする。この規則性のない変動のことをランダムウォークという。

●効率的な市場では、株価はランダムウォークをするので、短期的に株価が上がるか下がるかの確率は50／50である。そのため、株式の短期売買で利益を出し続けるのは難しい。

●株価を予想するということは、企業業績等を予想するのではなく、それらを予想している投資家の思惑を予想することに尽きる。

コラム

情報がなければマーケットクラッシュ＊1は手違いでも起こる

筆者が外資系金融機関に勤務していたころ、少なくとも2つの大きなミスにより、マーケットが予想外の動きをし、それがきっかけとなり、マーケットはその後も激しく変動し、相場のトレンドまでが変化するはめになったことを経験しています。

その取引の一つは債券先物取引であり、もう一つは日経平均株価（現物）でした。

債券先物取引では、誤発注により大量の売り注文を発注してしまい、債券先物市場はパニックに陥り、さらなる売り物を誘いその後も大きく値崩れを起こしてしまいました。その後も市場の混乱はおさまらず、それまで上昇基調であったマーケットはトレンドを変えることになってしまいました。

日経平均株価の取引では、トレーダーが休暇中のため、代わりに経験の浅い者にポジション管理を任せていました。当時、マーケットのボラティリティ（82ページ参照）は上昇基調であり、ヘッジ取引の必要性が高まっていました。代役を任されていた者は、休暇中のトレーダーと連絡を取り、寄り付き（66ページ参照）で日経平均株価のバスケット[＊2]の買い注文を発注することになりました。当時は日経平均株価のバスケット取引は一部の外資系証券会社が行っていただけであり、取引頻度も取引の規模も市場が注目するほどのものではありませんでした。そんなときに、寄り付きに成り行きで30万株程度（1銘柄当たりの株数）もの買い注文を出してしまい、市場は大混乱となり、日経平均先物はストップ高となってしまいました。その日は結局、日経平均株価が２５００円以上も上昇し、１日の日経平均株価の上昇幅では過去最大のものとなったと記憶しています。

いずれの取引も、まったく材料がないときに大量の注文が発注され、市場がパニックに陥った結果です。現在では、情報伝達手段が発達し、情報伝達量も豊富なので、このようなことは起こりえないと思います。

情報もなく市場が急変動すれば、何が起こるかわからないものです。情報の重要性がひしひしと痛感されます。

＊1　マーケットクラッシュとは、市場が崩壊するほど株価が下落すること。
＊2　バスケットとは、籠にいれた現物株の塊のようなイメージで使われ、指数を構成する現物株のことをいう。

3　投資におけるリスクとリターン

3.1　リスクに応じたリターンがある

これまで株価は常に変動していると解説しましたが、その変動の度合いは銘柄によって違います。収益の変動幅が大きい会社の株価は、収益の変動幅の小さい会社の株価よりも変動幅が大きいといえます。景気変動の影響を受けやすい会社の株価は、景気変動の影響を受けにくい会社の株価より変動幅が大きいといえます。また、同じ業種の会社でも借入金の多い会社ほど、収益のブレが大きく、したがって株価の変動幅が大きいといえます。

リスクとは、このような株価の変動の度合いのことをいい、不確実性を表す概念です。株価の変動幅が大きければ、リスクが高く、損失をこうむる可能性も高いといえます。

外国為替も米ドル／円と豪ドル／円では変動の度合いが違います。一般的に、経済規模の大きい国の通貨ほど経済規模の小さい国の通貨より安定しています（つまり、リスクが小さい）。政治・

経済情勢が安定している国の通貨は、それらが不安定な国の通貨よりリスクが小さいといえます。このため、米ドルは豪ドルよりリスクの小さい通貨で、豪ドルはブラジルの通貨レアルよりリスクの小さい通貨だといえます。

リターンとは投資収益または投資利回りのことをいい、リスクとリターンは比例的な関係があります。つまり、ハイリスク商品はハイリターンであるのに対し、ローリスク商品はローリターンであるといえます。ハイリスクであるにもかかわらずローリターンであれば、だれもこのような商品に投資しないはずです。逆にローリスクでありながらハイリターンであれば、皆が望む商品であるので需要が殺到したちまち価格が急騰し、ハイリターンでなくなってしまうからです。

金融理論では、性質の異なった金融商品および実物資産に分散して投資する「分散投資」でリスクを抑えながらリターンを上げる研究がなされてきました。積極的な運用を試みても、手間とコストばかりがかかるだけで成果が上がらないと考えられ、多くの銘柄に分散されたインデックスに連動する

図表 1-9　リスクとリターンの関係

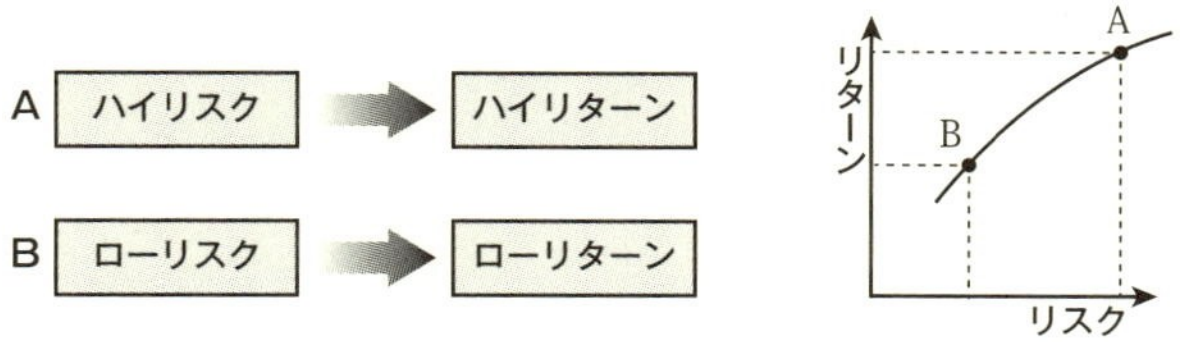

「パッシブ運用」が、リスクとリターンを考えると一番効率が良いと考えられています。現在、保険会社や信託銀行などの機関投資家の多くは、こうした考え方からパッシブ運用を重視して運用しています。

この世の中にうまい話はないと断言できます。投資家がだまされる事例で多いのは、「安全で高利回りが期待できる投資」だと思います。高利回りを追求するには、必ず高いリスクを覚悟しなければならないということを知らない、または知っていても、欲に目がくらんで忘れてしまうから、ついついこのような夢のような話にのってしまうのです。だます方も巧妙になってくるものですから、「政府の特別の計らいで」とか、「××金融機関の保証がついている」というような、もっともらしい触れ込みで巧みに投資家を勧誘するわけです。

もし、このようなうまい話があれば、他人に販売しないで、秘かに自分たちが実行するはずです。自分ではやりたくないか

図表 1-10　リスクの大きさ（分散投資 VS 集中投資）

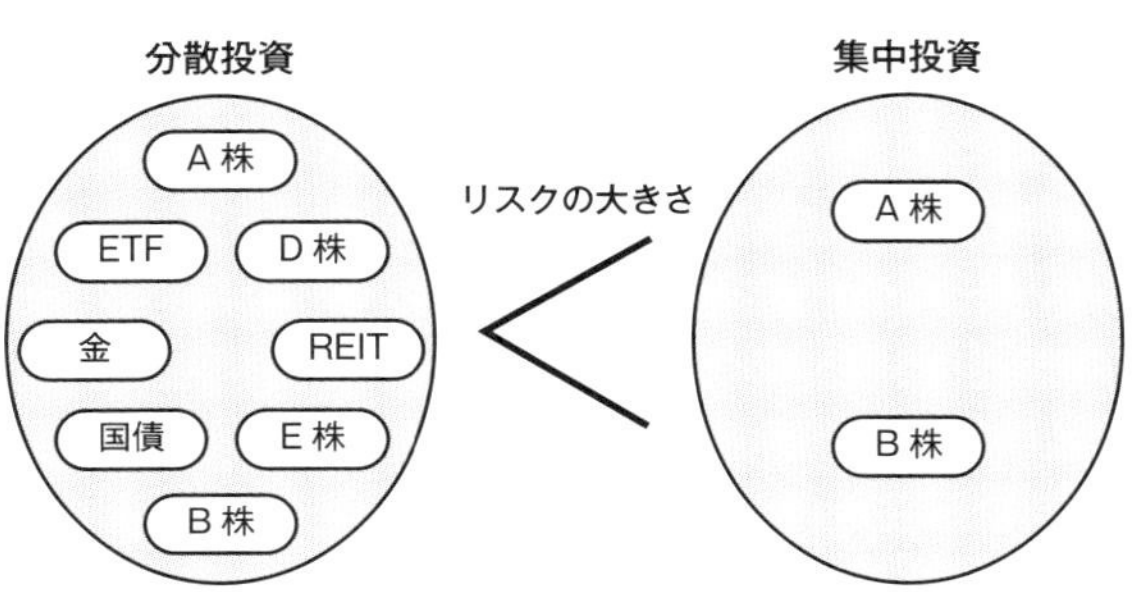

ら、投資家を募って販売するわけです。ほんとうにうまい話があれば、他人には漏らしません。うまい投資話にはくれぐれも気をつけてください。

3.2　心理学的アプローチによる行動ファイナンス

金融理論によれば、市場は効率的であり、投資家は合理的に行動するという前提に立っています。〝効率的〟とは、情報はすべて価格に反映されているという仮説であり、〝合理的な行動〟とは、「リスクとリターンに関して効用を最大化するように行動すること」と定義されます。効用とは満足度みたいなものです。たとえば、ハイリスクで1年後の予想投資利回りが10％のものと、ローリスクで同じく予想投資利回りが10％のものがあった場合は、投資家は後者を選択するはずです。

では、ハイリスクで1年後の予想投資利回りが30％のものと、ローリスクで同じく予想投資利回りが10％のものがあった場合は、投資家はどちらを選択するでしょうか。伝統的な金融理論では、このとき投資家はリスクとリターンを考え、合理的に思考をめぐらし投資判断をすると主張されています。

これに対し、行動ファイナンスとは、心理学的アプローチを取り入れた金融理論で、投資家は必ずしも合理的に行動するわけではないという前提に立っています。合理的判断をする投資家は先ほど述べたリスクとリターンを考え、リスクが同じであれば、期待値の一番高い商品を買うはずです。期待値とは、期待することができる価値の平均値です（図表1－11の例1参照）。あるいは、リターンが同じであれば、リスクの一番低い商品を買うはずです。

たとえば、現在ともに1株１０００円のA株とB株の1年後のそれぞれの予想株価とその確率が図表1－11のようであったとします。期待値は、ともに１０５０円ですが、B株の方がリスクの高い株といえます。この場合、合理的な判断をする投資家はリスクとリターンを考え、A株を買うと仮定していますが、現実の社会ではB株を買う人もいるはずです。リスクを好む投資家は損失の額が大きくなる可能性があっても、儲かる額が多くなる可能性のある投資を選択する場合があるからです。

では、図表1－12の例2ではどうでしょうか。

A株は損をしても少しですが、儲けもたいしたことがありません。一方、B株は株価が3倍になるかもしれませんが、最大30％下落する可能性もあります。この場合、慎重な投資家は、リスクを避けようとし、A株を買うかもしれません。この行動は、伝統的な金融理論では合理的判断

図表 1-11　リスクとリターンの関係（例 1）

A 株

現在の株価	1年後の予想株価		確率		期待値
1,000円	1,200円	×	50%	=	600円
	900円	×	50%	=	450円
					1,050円

B 株

現在の株価	1年後の予想株価		確率		期待値
1,000円	1,500円	×	50%	=	750円
	600円	×	50%	=	300円
					1,050円

図表 1-12　リスクとリターンの関係（例 2）

A 株

現在の株価	1年後の予想株価		確率		期待値
1,000円	1,100円	×	50%	=	550円
	950円	×	50%	=	475円
					1,025円

B 株

現在の株価	1年後の予想株価		確率		期待値
1,000円	3,000円	×	50%	=	1,500円
	700円	×	50%	=	350円
					1,850円

※B株は株価のリスクに対して市場が要求する期待利回り以上のリターンがあると仮定。
（右図参照）

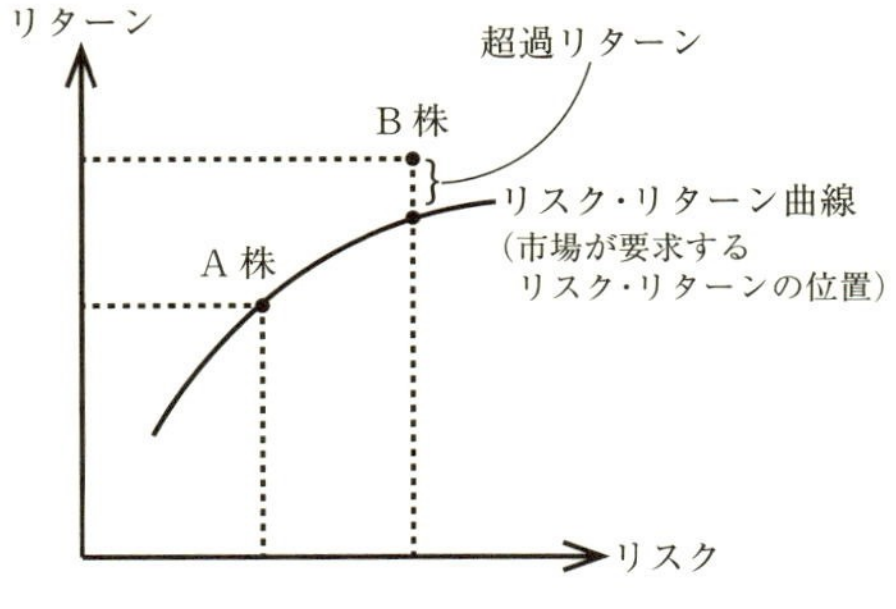

に基づいた投資行動ではないととらえられ、市場参加者はこのような行動をとらないという前提に立っています。しかし現実的には、このような投資行動をする人がいるはずで、伝統的な金融理論に反した行動といえます。心理的な要因が多分に投資行動に影響を与えた結果だととれます。

　先に紹介した行動ファイナンスの考え方は、まさにこの市場の効率性について疑問を投げかけています。つまり、人間はそれほど合理的ではないかもしれないし、人々が共通して誤った判断や意思決定を行う結果、市場価格も合理的でない可能性があるというものです。バブルはこのような投資行動によるものだとも考えられます。現実の金融市場はこの「行動ファイナンス」の理論にそっているようにも思えます。

図表 1-13　多くの個人投資家の投資行動（イメージ図）

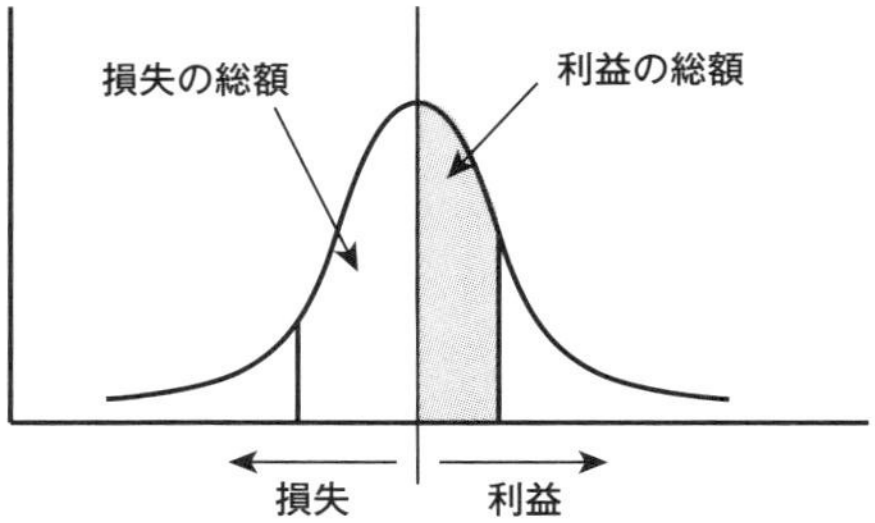

　投資家はリスクの程度が同じでも必ずしも同じように行動するとは限りません。多くの投資家は、利益が出ればすぐに売却して利益を確定し、損失が出ればずるずると損失を膨らまし、やがて我慢の限度が近づいたときに損失を確定しがちです。

このような投資行動は、利益を増やすチャンスを早々と放棄し、損失をふくらまさない行動には消極的となっており、図表1－13に示すような損益構造を作っているといえるでしょう。このような人は損失に対してはリスク追求性が強く、利益に対してはリスク回避性が強いといえます。

一方、プロのディーラーで、損切りがうまい腕のいいディーラーといわれるような人は、多くの投資家がするような投資行動はとらず、合理的判断に基づいて投資行動をし、図表1－14に示すような収益構造を作っているといえるでしょう。このような人は、損失に対してはリスク回避性が強く、利益に対してはリスク追求性が強いといえます。

長期的に利益を積み上げるには、合理的な判断に基づいたプロのディーラーの投資行動を見習う必要があるのでしょう。

図表 1-14　プロのディーラーの投資行動（イメージ図）

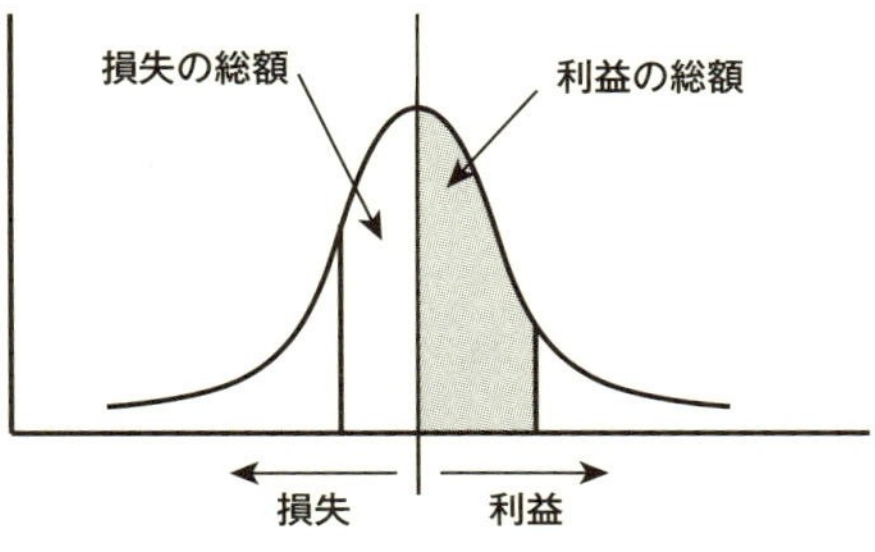

利益と損失に対するリスク性向

	損失	利益
多くの投資家	リスク追求	リスク回避
プロのディーラー	リスク回避	リスク追求

――3「投資におけるリスクとリターン」まとめ――

●リスクとは、株価の変動の度合いのことをいい、不確実性を表す概念である。

●リターンとは、投資収益または投資利回りのことをいう。

●リスクとリターンは比例的な関係があるので、ローリスクでハイリターンという商品は存在しない。

●分散投資とは、多くの株式銘柄や金融資産等に分散して投資することをいい、分散投資によりリスクを軽減することができる。

●伝統的な金融理論では、投資家は合理的に行動すると仮定している。合理的な行動とは、「リスクとリターンに関して効用を最大化するように行動すること」と定義されている。

●現実の金融市場では、投資家は必ずしも合理的に判断するのではなく、感情や直感で判断する場合もありうる。

●株式投資で継続的に利益を積み上げるには、プロのディーラーが行っているように、利益に対してはリスク追求をし、損失に対してはリスク回避に努めなければならない。多くの投資家は、リスクの取り方が逆になっている。

コラム

サラリーマンに適した投資戦術

サラリーマンは取引時間中フルタイムで投資に取り組むことができないので、投資を職業としているヘッジファンドや機関投資家等がフルタイムで必死に取引している市場に打ち勝つのは非常に難しいといわざるを得ません。

また、「行動ファイナンス」のところでも解説しましたが、多くの投資家は、利益をすぐに確定したがり、損失は先送りするので、確率的に不利な投資を繰り返しています。このような人は四六時中市場をウオッチすれば、かえって確率的に不利な戦いを進めていることになる場合も多く、市場の日中の動きに左右されない、または左右されにくい投資を考えるべきではないでしょうか。

市場の日中の動きに左右されないで儲かる投資は存在しませんが、大きく変化しなければ日中取引を行わなくても儲けることができる投資は存在します。このような投資戦略は、いってみれば、「家宝は寝て待て」スタイルの投資であり、これに最も近い投資スタイルがオプションの売り戦略であるといえます。

株価が上がるか下がるか予測したところで、当たる確率が50%であるならば、そんなものにお金を投資するのは、ギャンブル的な行為といわざるを得ません。オプションの売り戦略では、確率に基づいた見通しから行使価格（99ページ参照）を決定し、市場の日中の動きに右往左往せず「家宝は寝て待て」スタイルで、勝率を70%～80%に高めて戦うことが可能となります。

一般投資家はこのような「家宝は寝て待て」スタイルの投資戦略の方が向いているのかもしれません。

コラム

フリーランチは存在する。しかし長続きはしない

筆者の経験した中で一番長く続いたフリーランチ[＊1]は、日経平均先物であったと記憶しています。アービトラージ（裁定取引）というのは、リスクフリーで利益が得られる取引のことをいいます。リスクフリーというのは、取引を行った瞬間に利益が確定されるということです。たとえば、株を買った瞬間に将来の利益が保証されているということです。相場がいかなる変動をしても、将来１００％の確率で利益が得られるポジションのことをいいます。したがって、裁定取引には将来の予測を必要としません。

もし、このような取引が存在すれば、だれでも参加し、この恩恵を受けようとするはずです。したがって、もしこういう機会が存在すれば、参加者が殺到し、あっという間に裁定の機会は消滅するはずです。しかし、特定の投資家のみが参加できるような何らかの制限、たとえば大量の資金が必要とされる、または特殊な技術が要求される、あるいは何らかの規制のため特定の者だけが取引できる等、がある場合は話が異なってきます。

一般的によく使われている「アービトラージ」というのは、単なるペアトレード、あるいはある程度リスクを限定したポジションを取ることにより利益を得ることを称している場合が多いといえます。利益が得られる確率が70％程度で、30％は損失が発生する場合も「アービトラージ」と称している場合があり、誤った使い方といわざるを得ません。

話は少し脱線しましたが、かつては日経平均先物が恒常的に理論価格を上回って取引されていたので、割高な日経平均先物を売り、割安な日経平均株価を買うことにより、究極のアービトラージ・ポジションを組成することが可能でした。それを利用して米系の某大手証券は莫大な利益を上げることができました。この状態は2～3年間続いたように記憶しています。

比較的最近では、某ＣＦＤ[*2]業者が夜間取引で日経平均株価のＣＦＤ価格を間違え、それを1カ月間程度続けていました。それに気づいた投資家は、日経平均先物と日経平均株価のＣＦＤを組み合わせることで、約1カ月間はリスクフリーで利益を得たはずです。逆にそのＣＦＤ業者はそれに気づくまで損失を出し続けていたはずです。

このようなリスクフリーの取引は稀に存在しますが、現在のようにより多くの投資家が自由に投資できる環境のもとでは期待できないといえるでしょう。

＊1　フリーランチとは、直訳すれば「無料の昼食」またはタダ飯のことであるが、経済学上、何かを得るには何かを犠牲にする必要があり、必ずコストがかかることを意味し、フリーランチは存在しないともいわれている。

＊2　ＣＦＤとは、Contract for Difference の略であり、株式、株価指数、外国為替などを対象とした差金決済取引のことをいい、先物取引に類似している。先物は取引所で取引されているが、ＣＦＤは相対取引であり、ＣＦＤ業者は取引所で取引されている株式や株価指数の値をもとに、独自にＣＦＤ価格を決定し、投資家と売買している。外国為替証拠金取引（ＦＸ）もＣＦＤの一つである。

4　投資の効率性とお金の時間的価値

4.1　効率的に投資するには

投資するからには効率よく儲けたいものです。ただ単に損をしなければいいというものでもないと思います。資産を増やそうとする以上、効率的な投資を心がける必要があります。

Aさんは、株式を買って2年近くずっと、株価が買い値を下回っており、2年目にやっと浮上し、やっとのことで買い値より20％上の株価で売却できたとしましょう。2年間でAさんは投資資金を20％増やすことができました。

一方、Bさんは、当初買った株式を半年後に10％下がったところで損切りし、同時に売却代金全額を使って別の株式を買いました。1年後にBさんは2回目に買った株式すべてを20％上がったところで売却し、再び同時に売却代金全額を使って別の株式を買いました。2年後にBさんは3回目に買った株式すべてを20％上がったところで売却しました。Bさんは2年間で投資資金を約30％（0・9×1・2×1・2）増やすことができました。

効率のいい投資とは、限られた時間内で多く儲けることです。1年間で多く儲けるためには、途中経過は問題ではありません。つまり、途中で損失を出しても1年後に儲けが一番多くなるように投資すればいいわけです。一時的に損失が発生しても、1年後に利益が得られればいいわけです。しかも、人より大きく利益を得られればなおいいわけです。

投資効率を上げるには、過去の投資行動を忘れなければなりません。人は過去に行った投資行動にとらわれて客観的な判断ができなくなることがあります。たとえば、売却した株式がその後も上昇を続けている場合、その株式を再び買うことに躊躇する場合が多いと思います。また、買った株式が下がり続けた場合、上がることを期待して売却することはためらうものです。

ところが、市場はいつも将来起こり得ることのみを模索し、過去の実績にとらわれず株価が変動します。人は自分ではそう思わなくても、自分のポジション＊に悪影響を与える投資行動は控えがちになるものです。このような人は過去に行った投資行動にとらわれて行動する習性があり、このような投資行動を繰り返していれば、お金の時間的価値が下がってしまい、富の蓄積が行われなくなるものです。

過去にとらわれないということはなかなか難しいものです。でも、投資する場合は忘れなければなりません。投資効率を上げるためには、ときには損失を出した方がいいということを頭に入れておいてください。

＊　保有している金融資産（先物やオプション取引では建玉（１１４ページ参照）のことを指す）のことをポジションといい、より広い意味ではその資産の状態のことをいう。買い建玉を保有している場合は「ロングポジション」、売り建玉を保有している場合は「ショートポジション」という。

4.2　お金の時間的価値

日本は１９９０年代にバブルが崩壊して以来、長期にわたってデフレの状態が続いていました。デフレとは物価が下がる現象のことをいいます。その代表的な物がデジタル家電です。薄型テレビはこの数年間の間に随分値下がりしました。人々は将来さらに価格が下がると思うと、今その商品を買うよりも将来価格が下がったときにその商品を買おうと行動します。少なくとも、あせって物を買うことはしないはずです。

今、テレビを買おうと考え10万円を蓄えていたと仮定します。現在10万円するテレビと同じ機

$$\text{N 年後の現金の現在価値} = \frac{\text{N 年後の現金}}{(1 + \text{利子率})^{N}}$$

※ 27.6%＝（1.05^{5} − 1）/100

能のテレビが、1年後では、さらに2万円安くなると想定されれば、10万円の現金の価値は、現在と1年後では明らかに違うわけです。なぜならば、1年後では少ないお金で、現在と同じ生活レベルが維持できるからです（テレビ以外の物やサービスの価格も総じて下落すると仮定します）。つまり、現在の現金10万円は1年後の現金8万円と同じ経済価値があるといえます。

同じ現金10万円でも、50年前の10万円と現在の10万円、さらに20年後の10万円では経済価値が違います。時間の経過とともに変化する現金の経済価値を現在価値に調整するために考えられたのが利子率です。

物やサービスの価格が毎年5％上がると仮定すると、5年後では今と比べて、27・6％※上昇することになります。つまり5年後の価格を1・05の5乗で割り算をすれば、5年後の価格の現在価値が得られるわけです。同じような考え方で、N年後の現金の現在価値は上記のように計算されます。

1.3「企業の財務内容から見た株価の理論価格」で、株価の理論価格はその企業の将来のキャッシュフローを現在価値に換算した値であると解説しました。株価だけでなく、他の金融商品の理論価格を計算するのにも、利子率を使って将来のキャッシュフローを現在価値に換算する方法が広く用いられています。

――４「投資の効率性とお金の時間的価値」まとめ――

- 投資効率を上げるには、過去の投資行動に引きずられてはならない。
- お金は時間の経過によって価値が変動する。
- 時間の経過とともに異なった現金の経済価値は、利子率を用いて現在価値に変換する。

コラム

「異次元の金融緩和」と市場の効率性

２０１３年４月４日に日本銀行は「異次元の金融緩和」と称するかつて経験したことがないような大規模な金融緩和策を決定しました。金融緩和規模があまりにも大きかったため、国債市場と株式市場（特に先物市場）において市場の流動性を損なうことになり、一時的であった可能性もありますが、市場の健全な価格形成メカニズムを破壊してしまいました。そのため、市場は比較的長い間、乱高下を繰り返すこととなり、リスクがかえって増幅されました。

日常生活ほぼすべての分野において、人々はリスクが増大することを望まないのではないでしょうか。たとえば、天候の変化や気温の変化が大きくなったり、日用品の価格変動が大きくなったり、収入の変動が大きくなったり、何を考えても変化があるより安定している方が平穏に暮らせるはずです。このような安定性を阻害するほどの金融政策は正しかったのかどうか、歴史が証明してくれると思います。

金融緩和への入口でこういう結果をもたらしたので、出口においても相当の混乱が起きても不思議ではありません。昨年、米国での金融緩和の縮小の時期や規模をめぐって、金融市場はグローバル的に右往左往していました。同じようなことが日本の将来の金融市場においても当てはまるのではないでしょうか。かなり将来的な話になりますが、こういったことに対する備えも将来必要になる時期がやってきます。金融市場では、皆が行動する前に行動することが賢明だといえます。

5　日経平均株価と先物

5.1　日経平均株価とは

日経平均株価とは、流動性が高く日本を代表する銘柄として日本経済新聞社が選んだ２２５種類の株式の単純平均株価指数です。東証株価指数（ＴＯＰＩＸ）と違い、日経平均株価は会社の資本規模を反映せず、株価だけによる単純平均なので、株価の比較的高い特定の銘柄の値動きに大きく左右されることがあります。たとえば、現在では、ファーストリテイリング、ソフトバンク、ファナックなどの値がさ株（価格が高い株）の株価が日経平均株価に大きく影響を及ぼす場合があります。

単純平均といっても、構成銘柄の株価をそのまま使うのではなく、額面[*1]とみなされている額（「みなし額面」といいます）を50円に換算しなおした株価を使って次ページに掲げる計算式により算出します。たとえばＮＴＴや東京電力のみなし額面は５００円なので、これらの株式は株価の10分の1の値を使って日経平均株価が計算されます。また、株式は分割すると、株価は変わります。たとえば、1株を2株に分割すると、株価は半分になります（会社の価値が変わらなければ、株価掛ける株数は分割前も後も同じはずだからです）。企業業績は変わらないのに分割で株価が半分になって、日経平均株価が下がるのは理に適っていません。ですから、このような分割の影響を排除するために、補正を行います。補正のための数字が「除数」というものです。

日経平均株価は、同じ時間に取引されている株価を使って計算します。ただし、すべての株式が常に取引されているとは限りません。特に取引が開始された直後（「寄り付き」といいます）

$$\text{日経平均株価} = \frac{(A+B+C+\cdots)}{\text{除数}}$$

A、B、C…：日経平均株価を構成する銘柄で額面[*1]補正後の同じ時間での取引値（取引値がない場合は気配値）

においては、「売りたい」人の株数と「買いたい」人の株数に著しい差が生じる場合があり、このようなとき取引所は一定の時間、希望株価（これを「気配値」といいます）を提示して、取引を成立させず投資家に猶予を与えます。このため、寄り付きの取引値がつくのに時間がかかることがあります。このように、もし日経平均株価を計算するための取引値がない場合は、気配値を使います。

いずれにしても、日経平均株価は２２５銘柄の同じ時間での株価または気配値の平均値（前述した補正を加えたもの）で、上記の算式に従って計算された値です。

日本経済新聞社は、必要とあれば、流動性、知名度等を鑑み銘柄の入れ替えを行うので、日経平均株価の構成銘柄は昔から同じ銘柄ではありません。

一方、日経平均株価のＳＱ値（特別清算価格）[*2]は同じ時間での平均株価ではなく、ＳＱ算出日での２２５銘柄の始値を使って、日経平均株価と同じ計算方法で平均株価を算出したものです。２２５銘柄のそれぞれの始値は、同じ時間に成立しているとは限りません。そのため、ＳＱ値とＳＱ算出日の寄り付きの日経平均株価は必ずしも同じ値になるとは限りません。特定の銘柄が売り気配または買い気配となり長時間にわたって気配が解消されない場合は、日経平均株価とＳＱ値は大きく乖離《かいり》することがあります。極端な例をあげれば、２２５銘柄全部が売り気配で始まり、すべてストップ安となった場合、日経平均株価の始値は２２５銘柄の気配値を使って算出されますので、日経平均株価の始値はせいぜい前日比数％の下落となりますが、ＳＱ値は前日比十数％下がった値となり、10％ほどの差が生じることになります。

＊1　額面とは、株式の券面に記載された金額のこと。２００１年10月の商法改正により額面株は廃止されたが、株価は引き続き旧額面の考え方に基づいて取引されている。そのため、額面とみなされている額（みなし額面という）を50円にした株価を使って日経平均株価が計算される。

＊2　ＳＱ値（特別清算価格）とは、先物やオプションを満期日において決済するために使用する清算価格のことをいう。

5.2 日経平均先物（日経225先物）とは

日経平均先物とは、日経平均株価を特定の期日（満期日といいます）に売買する契約のことで

先物の理論価格

＝日経平均株価×{1＋(短期金利－配当利回り)×T／365}

T＝満期までの日数。金利、利回りは年利

す。通常、取引所で頻繁に取引されている日経平均先物の満期日は3カ月以内の期日なので、日経平均先物とは近い将来の日経平均株価を売買する契約といえるでしょう。日経平均株価と日経平均先物の価格は金利と配当により裁定が働くので、密接に連動して動きます。いくら先高期待が強くても、先物だけが一方的に買われて先物の価格だけが上昇することはなく、先物が買われれば、必ず現物（先物が対象としている原資産のこと）も買われます。理論的には、日経平均先物と日経平均株価には上記に示す関係があり、常にこの関係を保とうとお互いが牽制し合います。

もし日経平均先物が理論価格から離れて取引されているとすると、現物と先物のうち割安なものを買い、割高なものを売ることで常に利益を得る

図表 1-15　日経平均先物の価格と日経平均株価の関係（概算値）

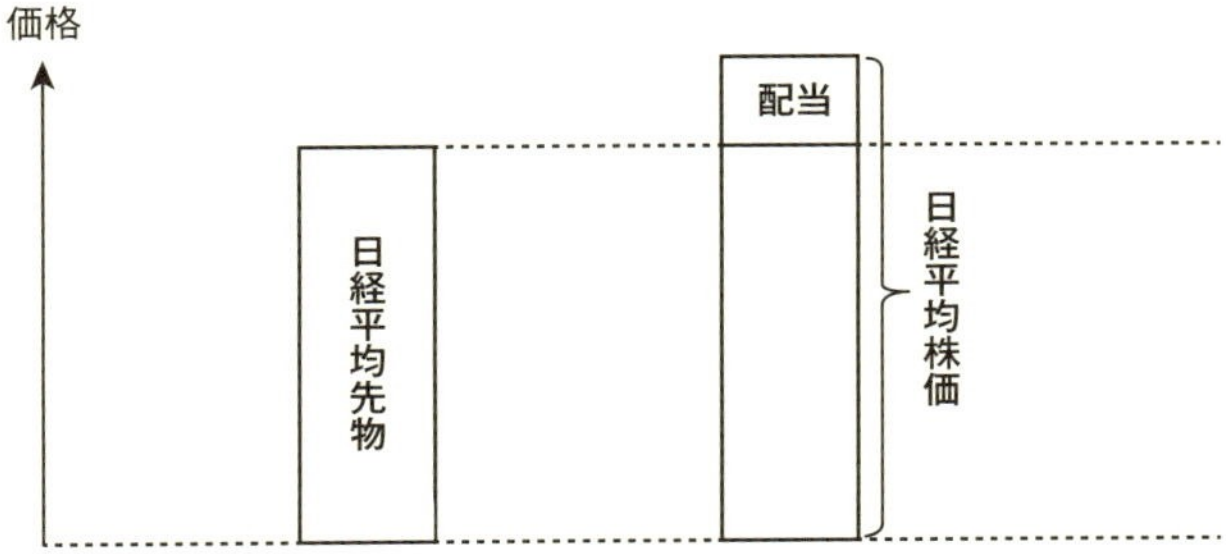

ことができます。

次ページに掲げる例を考えてみましょう。現在は金利がゼロに近いので、日経平均先物の理論価格は日経平均株価から配当の額を引いた値にほぼ等しくなります。このため図表1－15のように配当があれば、日経平均先物は日経平均株価より安く取引されます。ところが、この例では日経平均株価と先物が同じ価格なので、先物が理論価格より１００円高く取引されていることになります。そこで割高な先物を売り、割安な日経平均株価を買います。

蛇足ですが、日本の場合、３月に本決算を行う会社が多いので、３月末には配当の額が1年の中で最も大きくなり、３月の配当落ち日*前に、日経平均株価と日経平均先物との差が大きくなり、３月の配当落ち日の寄り付きで、日経平均株価と日経平均先物はほぼ等しい値となります。

＊配当落ち日とは、配当が受け取れる権利が確定する日のことをいい、決算日の3営業日前。

日経平均先物（日経２２５ミニ）を満期日（４月のＳＱ日（第二金曜日の先物・オプション清算日））まで持ち続けるとすると、ＳＱ値で清算されます。買い付けた日経平均株価の現物株をＳＱ日の寄り付きで売ります。ＳＱ値が日経平均株価の買い値より高い場合を想定し、仮にＳＱ値が1万６０００円と仮定します。

日経平均株価の現物株なら、１０００円儲けることができます。それに配当の１００円が加算され合計１１００円儲けることができます。実際には、配当を約３カ月後に受け取ることになりますが、３カ月後の１００円の現在価値は１００円とほとんど等しいので、このように考えても差し支えありません。

一方、先物では、１０００円損することになりますが、差し引き、配当の分１００円の儲けとなります。今度はＳＱ値が日経平均株価の買い値より低い場合を想定し、仮にＳＱ値が１万４０００円と仮定します。日経平均株価の現物株で１０００円の損失を被りますが、配当

> 例：日経平均株価：15,000円
> 　　日経平均先物：15,000円
> 　　予想配当　　：　100円
> 　　取引日：3月の月内最終取引日（配当落ち日の前日のこと）
> 　　取引：日経平均株価を買い[*1]、同時に4月限月の日経平均先物（日経225ミニ[*2]）を売る（取引コストはゼロと仮定）。
>
> ＊1 日経平均株価は計算上の指数であり、株式のように取引所で取引されている証券ではないが、日経平均株価を構成する225銘柄の株式を等株数（額面調整後の株数）ずつ買えば、計算上、日経平均株価という指数を買うことができる。「日経平均株価を買う」「日経平均株価の現物株を買う」とは、このような取引のことをいう。
> ＊2 日経225ミニとは、日経平均先物を10分の1の取引単位に小口化した商品。

の1000円を得ることができます。つまり900円損をすることになります。一方、先物では、1000円儲けることができ、差し引き、配当の分100円の儲けとなります。

SQ値がいくらになっても儲けることができます。つまり日経平均株価を買い、同時に日経平均先物を売ってSQ日まで何もしなくても儲けることができるわけです。こんなうまい話があれば、皆（お金がある人は）やるはずです。

裁定業者はこのようなチャンスを絶えずウォッチし、チャンスがあれば日経平均先物と日経平均株価を同時に売買するわけです。裁定業者は日経平均株価と先物の価格の差が理論価格から乖離すれば、すかさず市場に参入するので、このような乖離はすぐに解消されます。

5「日経平均株価と先物」まとめ

●日経平均株価とは、日本経済新聞社が選んだ225種類の株式の単純平均株価指数である。現在は金利がゼロに近いので、日経平均先物の理論価格は日経平均株価から配当の額を引いた値にほぼ等しい。

●先物やオプションを満期日において清算するために使う清算価格のことをSQ値（特別清算価格）という。

●「日経平均株価」と「日経平均株価のＳＱ値」は異なる。

●日経平均株価は、同時刻での指数構成銘柄の株価（または気配値）を使って算出するが、日経平均株価のＳＱ値は、ＳＱ算出日での指数構成銘柄の始値を使って算出する。

●日経平均先物（日経２２５先物）とは、日経平均株価を満期日に売買する契約である。

●日経平均株価は計算上の指数であり、株式のように取引所で取引されている証券ではないが、指数構成銘柄を等株数ずつ買えば、日経平均株価という計算上の指数を買うことができる。

(2) 確率と統計の基礎知識

1　投資を有利に導く確率の知識

金融の世界では、「確率」という言葉がよく使われますが、確率とはある現象（たとえば、コインを投げたときに表が出ること）が起こる度合いを表します。将来のことは誰も予見できません。偶然に支配されている現象は予測不可能です。しかし、人々は、不確実な状況のもとでさまざまな行動をしなければなりません。そんなとき、行動するためのヒントがあれば助かります。たとえば、今日傘を持って出かけるのがいいのかどうか迷っている場合、天気予報が「本日雨が降る確率は70％」と言っていれば、おそらく傘を持って出かけるでしょう。

確率とは、過去の実測値等に基づいて計算される確からしさを表す度合いで、ある現象が起こるその度合いを0から1の間の数字で表示し、通常パーセンテージで表示された値です。確率が0％とは、ある現象はまったく起こりえないということで、確率が１００％とは、ある現象は必ず起こるということを意味しています。確率が50％とは、ある現象が起こる度合いは五分五分という意味です。つまり、ある現象が起こるか起こらないかは同程度の不確実性を有しているということです。コインを投げたときに、表が出るか裏が出るかは、偶然に支配され、その偶然によって表が出たり、裏が出るわけです。どちらかの面がより多く出るということはありえないわけです（何らかの細工をしない限り）。

ここで間違えてはいけないのは、確率というのは、1回1回の試行に対して起こり得る結果を意味しているのではなく、数多く同じことを行った場合の起こり得る結果の集合についてその度合いを表したものです。つまり、確率では、ある特定の時期にある特定の現象が起こるか起こらないかを議論しているのではなく、数多く同じ試行を行った場合の結果を集計したものの起こり得る頻度をあらわしています。

少しわかりにくいですが、日常生活では、確率をよりどころとして行動することが増えています。ところが、たとえば、先ほど解説した「傘を持って出かけた方がいいのかどうかの判断」のように、日常生活における行動の判断は特定の時期に特定の現象について要求されます。これは、確率が議論している内容ではありませんが、日常生活では、先ほどの「傘を持って出かけた方がいいのかどうかの判断」を人生のうち、数多く行わなければならないわけです。そうすると長い目でみると、天気予報による雨の降る確率に従った方がいいわけです。

外国為替や株式投資を行っている人は、数えきれないほどの取引を経験している人が多いと思います。数多く同じ試行を繰り返す以上、確率をよりどころに行動すれば、長い目でみれば不利益を回避できる回数が多くなるということです。もし、あなたが一発勝負に賭けて、あるいは少ない投資機会に賭けて、それ以後、投資は行わないというのなら話は違いますが、このようなケースでも、一発勝負で損をすれば、その損を取り戻すため投資を繰り返し、結果としてなけなしのお金を失ってしまいかねません。また、一発勝負で勝った場合でも、人は貪欲ですので、さらに儲けようとして勝負を繰り返し、やがて最初に儲けたお金も失ってしまうのが常です。ですから、いずれにしても、確率をよりどころに行動する方が賢明なのではないでしょうか。

オプション取引は確率の知識が非常に役立ちます。また確率に基づいた取引ともいえます。確率の基本概念を理解すれば、オプション取引をより有利に展開することができるでしょう。

2　統計――データのばらつきの程度を表す標準偏差

日経平均株価は時々刻々と変化し、上がったり下がったりすることを繰り返しています。このような不規則な日々の動きから、数値上の性質や規則性あるいは不規則性を見いだすための数学的な手法として使われているのが統計というものです。確率同様、あるいはそれ以上にオプション取引では、統計の知識が役に立ちます。

たとえば、過去1カ月間の日経平均株価の日々の変化率がわかっても、その平均値だけでは日経平均株価の変動の様子を知ることができません。それを知るために、標準偏差というモノサシが使われます。平均値も統計上の概念ですが、標準偏差はデータの分布のばらつきの程度を表すモノサシのようなもので、ボラティリティ（82ページ参照）の骨幹をなす基本概念です。標準偏差はσ（シグマ）というギリシャ文字で表すこともあります。

では、ここで実際の日経平均株価のデータを使って、統計上どのようなことが導かれるのか調べてみることにしましょう。平成25年3月1日から同年6月30日までの日経平均株価の日々の終値を使って、まず標準偏差を求めてみます。

日経平均株価の平成25年3月1日の終値は1万1606・38円でしたが、6月末日には1万3677・32円になり、この4カ月間で日経平均株価は17・8%上昇しました。この間の日々の変化率をみると、最大下落率は7・3%で、最大上昇率は4・9%となり、日々の変化率の平均値は0・22%となっ

図表 1-16　日経平均株価の動き

図表 1-17　日経平均株価の日々の変化率

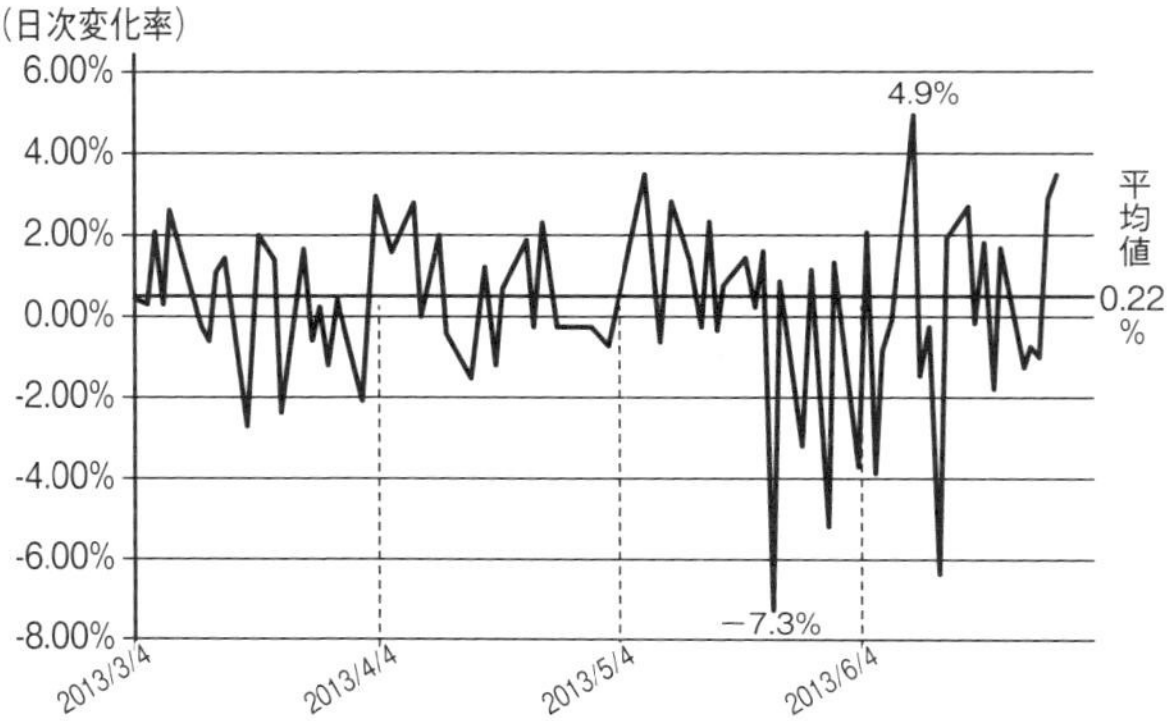

ていました。株価の動きは図表1－16のとおりです。

この間の日経平均株価の日々の変化率は、図表1－17のようになります。日本銀行による「異次元の金融緩和」と称される大規模な金融緩和の影響もあり、日経平均株価は5月の下旬まで右肩上がりの上昇を続けていましたが、日々の変化率を見ると、一方的に上昇しているわけではなく、上がったり下がったりを繰り返しているのがわかります。日々の変化率を小さい順に並び替えると、下記のようになります。

この日々の変化率をいくつかの階級（数値の近いグループ）に分け、各階級に含まれる標本（81ページ参照）の数（日数）を集計します。そして各階級と標本の数（日数）との関係を表したグラフ（これを「ヒストグラム」といいます）は、図表1－19のようになります。これを見ると、変化率は平均値をはさんで、左右似たような形

図表 1-18　日経平均株価の日々の変化率（小さい順に並び替えたもの）

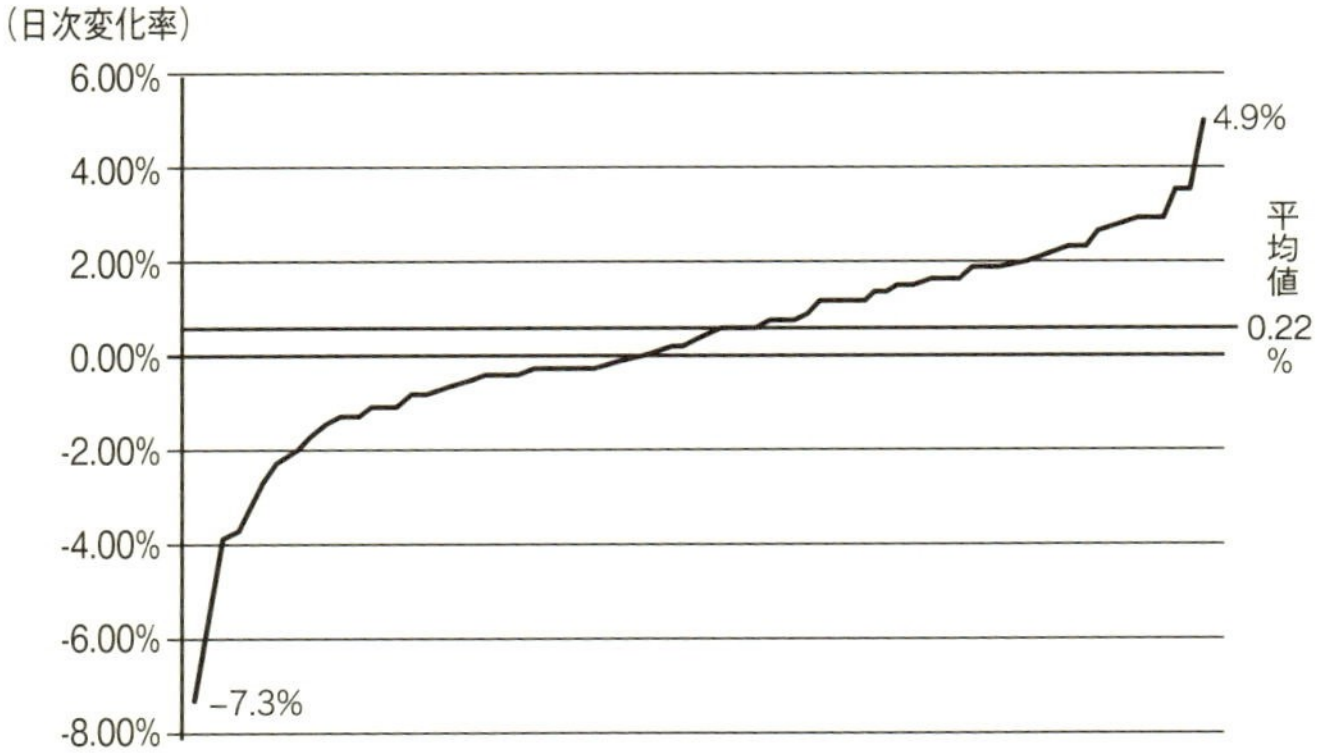

状となり、平均値近辺に変化率が多く集まっているのがわかります。

平均値だけでは、日々の変化率のばらつきの様子がわかりませんが、下記のグラフをみると、変化率の散らばりの度合いが観察できます。平均的な変化率である0・22%と日々の変化率の差を2乗した数値の平均値が散らばりの度合いを表す分散というもので、その平方根が標準偏差（σ）というものです。標準偏差（σ）は散らばりの度合いを表す統計的なモノサシとして最もよく使われるものです。

標準偏差とは、いってみれば、平均値からの乖離の平均値です（厳密には日々の変化率を計算するのに対数変化率*を使って計算しますが、その結果とここで解説した結果とはそれほど差異はありませんので、標準偏差という概念だけ頭に入れておけば結構です）。この例では、標

図表 1-19　日経平均株価の日々の変化率・ヒストグラム

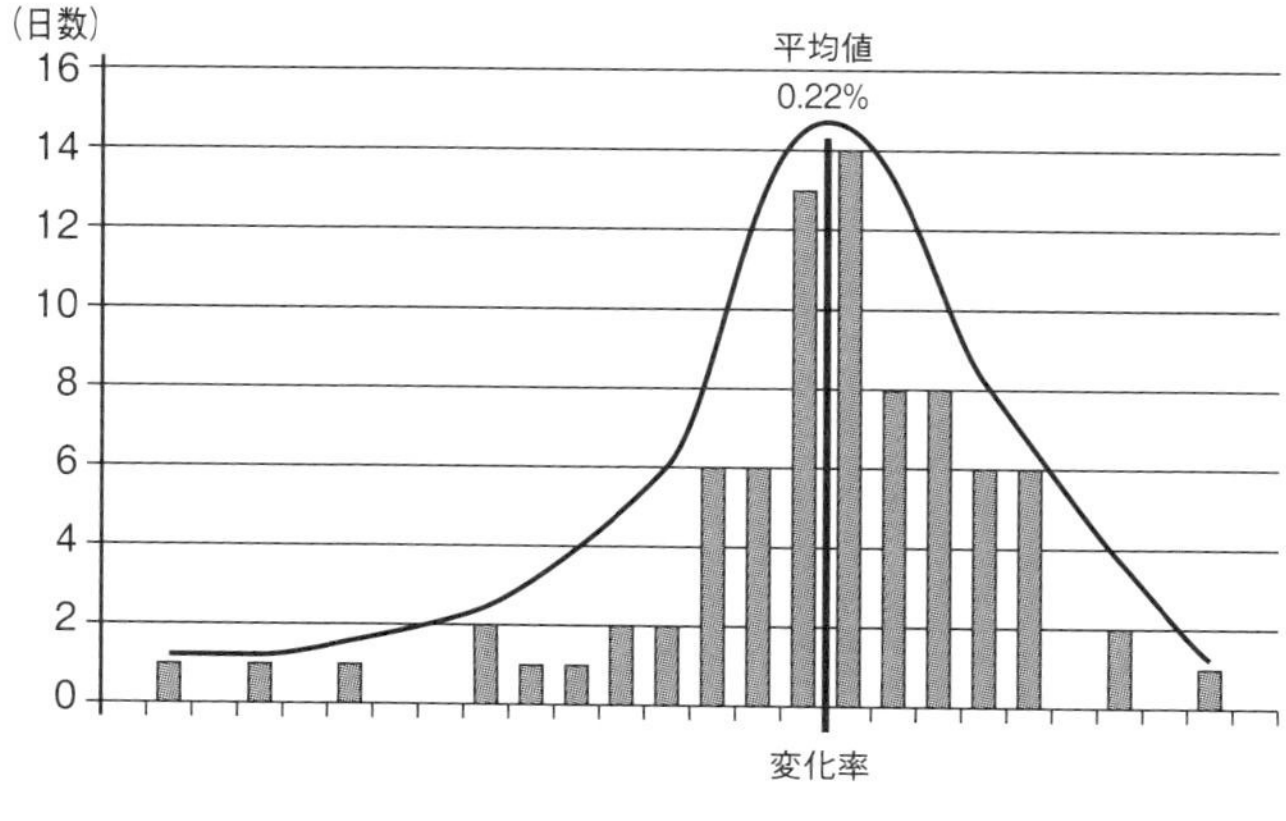

準偏差は2・12%となっていました。

このような変動する数値（これを「変数」といいます）の集団（これを「標本」といいます）は、図表1－20のような一定の散らばり方の形状をもち、株価の動きはいつもこのような一定の形状に従うと考えられ、このような分布の形状を「正規分布」といいます。

統計上このような正規分布と呼ばれる一定の形状を持った分布上では、プラスマイナス1σの値の範囲に変数が収まる確率は約68%となります。プラスマイナス2σの値の範囲に変数が収まる確率は約95%となり、このような特性は持って生まれた性格のようなもので、どのような状況になっても変わらないと考えられます（図表1－20参照）。

図表 1-20　日経平均株価の日々の変化率の分布（正規分布と仮定）

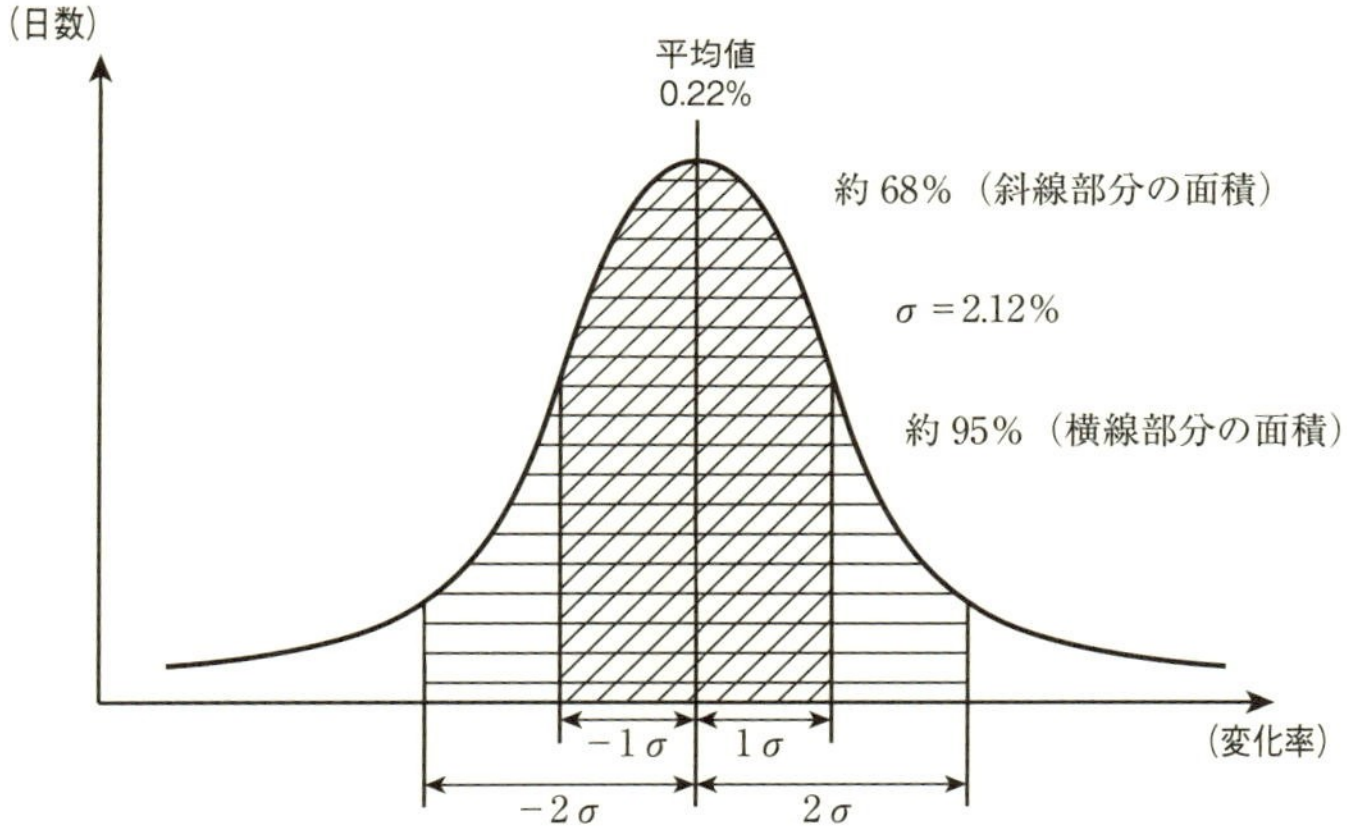

$変化率 = \frac{B}{A} - 1$　　（A：前日の株価、B：当日の株価）

＊ $対数変化率 = \log_e \frac{B}{A} \fallingdotseq 変化率$

日経平均株価や個別の株価の動きがこのような一定の分布（正規分布）に従うかどうかについては議論が分かれるところではありますが、このような特性を持っていると考えても大きな支障はないでしょう。

3　年率換算された標準偏差であるボラティリティ

価格の変動率を表すモノサシとして、パーセントを使用する場合が多いと思います。たとえば日経平均株価が現在1万円だとして、翌日1万100円になった場合は、「日経平均株価が1%変化した」という表現をよく使います。「本日の上海の株価指数は2%上昇しています」というように、価格の変動の度合いを表すのにパーセントを使うのが一般的です。

この場合、パーセントを使った変動率はあるひとつの現象について表現したものに対し、ボラティリティとは多数の現象について平均的な姿を確率的に表現したものといえます。

たとえば、小学校のあるクラスの平均身長は100センチで、最低身長は80センチ、最高身長は１５０センチだったとします。特定の人である最高身長の人は平均身長から50%高いといえます。一方ボラティリティとはクラス全体の身長の散らばりの度合いを表すもので、概念的にパーセントで表現されるものとは異なります。

金融取引では、ボラティリティとは、変動率の年率換算された標準偏差のことを指し、価格変動率のばらつきの度合いを表すモノサシとして使われています。

統計的に解釈すると、たとえば、日経平均株価が1万円、価格の予想平均変動率が０%、ボラティリティが20%とすると、１年後に、日経平均株価の期待値である1万円（価格の予想平均変動率が０%ですから、１年後に期待される日経平均株価は現在の日経平均株価と同じです）からプラスマイナス20%の範囲（つまり８０００円から1万２０００円の間）に日経平均株価が収まる確率はおおむね68%であるということを意味しています。１年後にプラスマイナス40%の範囲（つまり６０００円から1万４０００円の間）に日経平均株価が収まる確率はおおむね95%であることも意味しています。

図表 1-21　変化率とボラティリティ

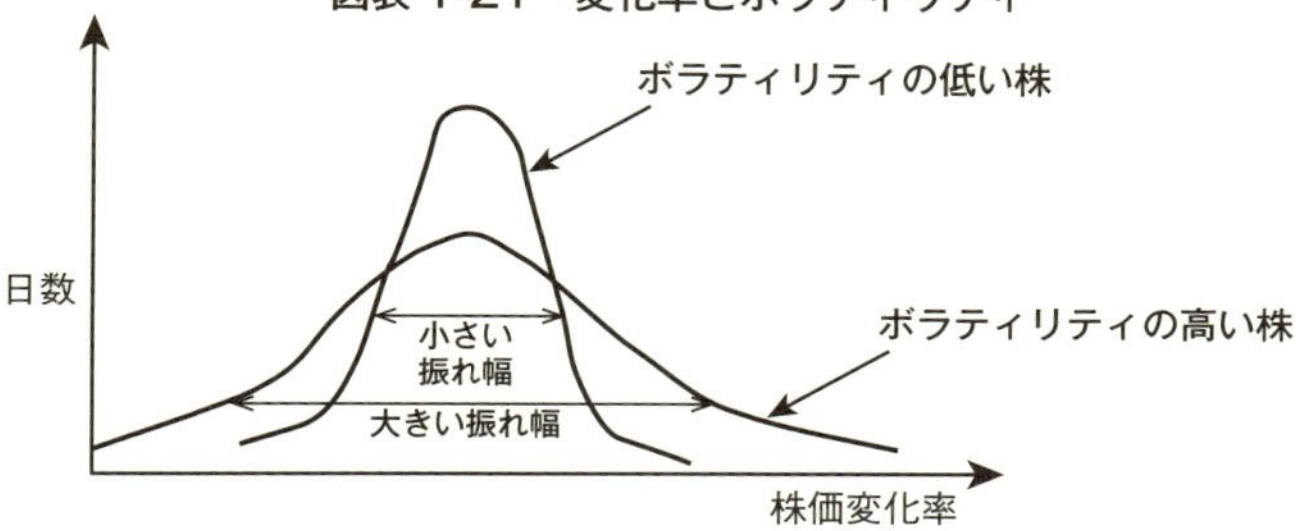

ボラティリティが高いということは、株価が上下に振れる振幅が大きいということです。逆に、ボラティリティが低いということは、株価が上下に振れる振幅が小さいということです（図表1－21参照）。ボラティリティは株価のみならず、資産価格の変動性を表す指標として用いられています。また、ボラティリティには資産価格の過去の変動率のばらつきの度合を表す、ヒストリカル・ボラティリティ（またはアクチュアル・ボラティリティ）と、オプション等のデリバティブの価格の中に想定されているインプライド・ボラティリティ（ＩＶ）があります。

ＩＶというのは、将来のボラティリティの予想値であり、過去の実績値であるヒストリカル・ボラティリティと未来・過去の違いがあるだけです。通常、オプションは複雑な計算式（オプション・プライシング・モデルといいます）を用いて、その価格の中に想定されているボラティリティを逆算し、取引やリスク管理のよりどころとします。

図表 1-22　ボラティリティの過去と未来

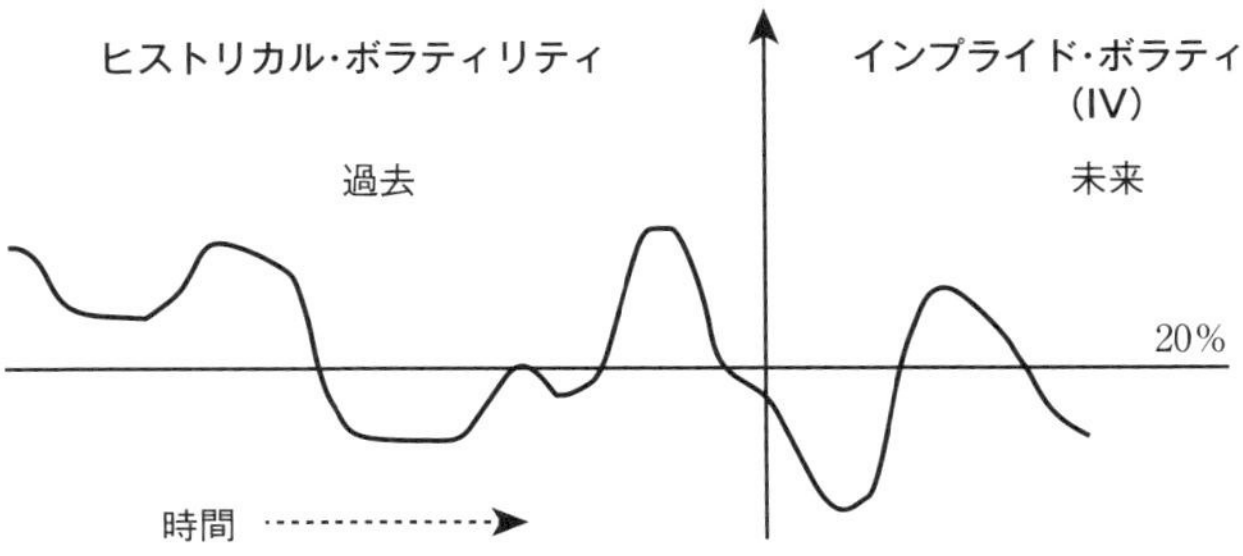

現在１万円の日経平均株価が１週間後に１万６００円になったとした場合は、１週間で６％変化したといい、３カ月後に１万１０００円になった場合は３カ月で10％変化したといいます。さらに１年後に１万２０００円になった場合は、１年で20％変化したと表現します。

この３つの異なった期間での変化率の中で、どの変動の割合が大きいかは比較しづらいものです。同じ時間的尺度で比較しないと変化の割合が比較しづらいので年率換算（同じ状況が１年間続いたものとして換算しなおすこと）することで異なった期間での変化の度合いが比較できます。

同じような考え方で、四半期毎に内閣府が発表するＧＤＰ（国内総生産）は、年率換算されて一般的に使われています。ボラティリティの考え方も同様な理由で年率換算された値です。

４　日次変化率、週次変化率、月次変化率とボラティリティの関係

２「統計」で例として使った日経平均株価の標準偏差の値（２・１２％）は４カ月の期間を観察して計算したものですので、同じような変動の状況が１年間（12カ月）続いたと仮定した年率

1日の変化率の標準偏差 ＝ ボラティリティ÷$\sqrt{250}$

N日間（取引日数）の変化率の標準偏差 ＝ ボラティリティ÷$\sqrt{(250\div N)}$

1週間の変化率の標準偏差 ＝ ボラティリティ÷$\sqrt{52}$

1カ月の変化率の標準偏差 ＝ ボラティリティ÷$\sqrt{12}$

換算した値であるボラティリティはその4分の12（2・12%×$12/4$＝6・36%）なのかと勘違いしがちです。ところがそうではなくて、日次変化率の標準偏差は1年間の取引日数の平方根に比例するので、1年間の取引日数を250日とすると、$\sqrt{250}$を掛けなければ、年率の正しいボラティリティを導くことができません。つまり4カ月間の日々の変化率を観察して計算した標準偏差2・12%の年率換算した標準偏差は33・5%（2・12%×$\sqrt{250}$＝33・5%）となります。年率換算するには、日々の変化率を使った場合は、1年間の取引日数の平方根を得られた標準偏差に乗じた値が年率換算された標準偏差となります。1年間の取引日数を250日と仮定し、$\sqrt{250}$を2・12%に乗じた値が33・5%となります。

観察する期間（今回の例では4カ月）とは無関係に日次の変化率を使った場合は$\sqrt{250}$を、週次の変化率を使った場合は1年間の週の数である52の平方根、月次の変化率を使った場合は1年間の月数である12の平方根をそれぞれ得られた標準偏差の値に乗ずれば、年率換算された標準偏差の値、つまりボラティリティの値を得ることができます。

逆にボラティリティがわかった場合に、日次、週次、月次の標準偏差を求めるには、ボラティリティをそれぞれ1年に相当する観測数の平方根で割り算をすることで得られます（前ページの算式参照）。

この算式で得られた数値はそれぞれの期間での標準偏差であり、プラスマイナス１σの範囲では約68％、プラスマイナス２σの範囲では約95％の確率で株価は収まるという意味をもっています。また、プラス２σの範囲から上にずれる確率は約2・5％であるという意味を持っています。同様に、マイナス２σの範囲から下にずれる確率も約2・5％ということです（図表１－20参照）。

参考のため、図表１－23に、ボラティリティと日次標準偏差、週次標準偏差、月次標準偏差との関係を示しました。株価が上がるか下がるかは定かではないので、日経平均株価の日々の変化率の平均値を０％と仮定して、ボラティリティを使って近い将来の株価の変動幅を確率的に予想することができます。この表を使い、市場の予想するインプライド・ボラティリティ（ＩＶ）がわかれば、市場が想定している株価の予想レンジを計算することができ、直感

図表 1-23　ボラティリティと標準偏差

ボラティリティ（年率標準偏差）	日次標準偏差	週次標準偏差	月次標準偏差
30%	1.90%	4.16%	8.66%
25%	1.58%	3.47%	7.22%
20%	1.26%	2.77%	5.77%
15%	0.95%	2.08%	4.33%

でそれが安いか高いかの判断材料とすることができます。

図表1－23を使い、たとえば、オプションの価格から想定されるIVが25％で、現在の日経平均株価が1万円だと仮定します。

満期まで1カ月のオプションを取引する場合、市場が95％の確率で想定している1カ月後の日経平均株価の予想レンジは、プラスマイナス2σの範囲内であるので、8556円（1万円―（1万円×7・22％）×2）から、1万1444円（1万円＋（1万円×7・22％）×2）までの範囲ということが導き出されます。

株価や日経平均株価の変動する様子を理解する上で、ボラティリティより1日当たりの変化率の方が私たちには馴染みがあります。そこで今度は、日経平均株価が1日当たりプラスマイナス1％変化する場合、ボラティリティはいくらに相当するのかを考えます。この場合、1％というのが変化率

図表 1-24　日経平均株価の予想分布

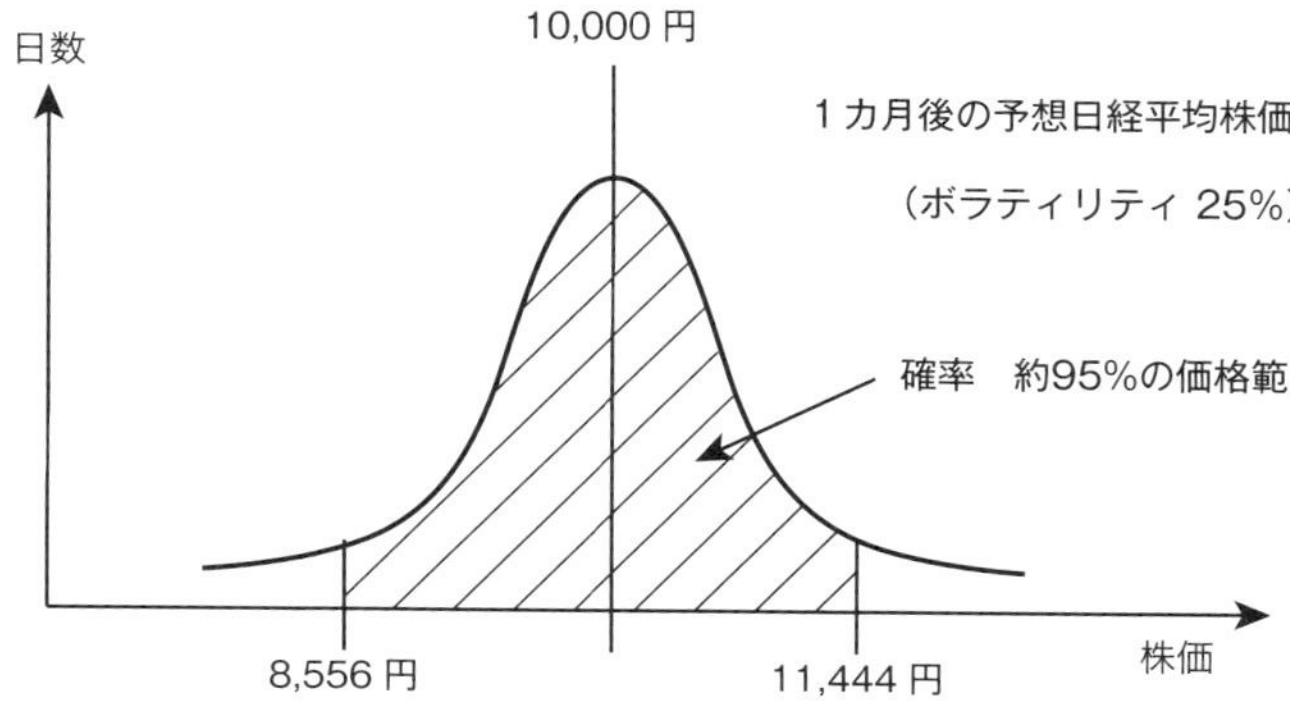

のばらつきの平均値、つまり日次標準偏差ととらえることができます。
日経平均株価が１万円だと仮定すれば、平均的に１日当たり１００円（１％相当）上がったり下がったりするということを意味しています。この場合、１％に16（$\sqrt{250}$≒15・8→16）を掛けた積の16％がおおよそのボラティリティとなります。１日当たり平均的に価格が２％変化すると仮定すると、２％に16を掛けた積の32％がおおよそのボラティリティとなります。ＩＶが32％というのは、１日当たり68％の確率で、２％原資産価格が変化することを想定しているということです。

通常、アナリスト等が発表する日経平均株価の予想レンジは、天気予報の降水確率のような、その起こりうる確率を伴っていません。一方、ボラティリティを使って予想レンジを計算すれば、その起こりうる確率を伴っているので、この方が信頼できるような気がします。降水確率があった方が何となくあてになりそうな気がするのと同じようなことです。確率のとらえ方や感じ方は人によって違います。慎重な人は、より起こりにくい確率を求めるかもわかりませんが、長期的に収益を確保するためには、確率的に高い投資を繰り返し行うことに意味があるということを理解していただければ結構です。

――(2)「確率と統計の基礎知識」まとめ――

●日常生活の中で数多く同じ試行を繰り返す場合、確率をよりどころに行動すれば、長い目でみれば不利益なことを回避する回数が多くなる。このことは株式投資をする場合にも当てはまる。

●標準偏差というのは、データの分布のばらつきの様子を表すモノサシのようなもので、算術的には個々のデータがそのデータの平均値から平均的にいくら乖離しているかを表している。

●標準偏差は、σ（シグマ）というギリシャ文字で表すこともある。

●株価や日経平均株価のように変動する数値（変数という）は、いつも一定の形状を持った散らばり方をすると考えられ、その特性を利用することで株価変動の確率を推計することができる。

●最も標準的な変数の分布を正規分布といい、株価や日経平均株価の動きは正規分布に近い分布をすると考えられている。

●正規分布上では、プラスマイナス1σの値の範囲に変数が収まる確率は約68％となり、プラスマイナス2σの値の範囲に変数が収まる確率は約95％となる。

●ボラティリティとは、価格変動率の年率換算された標準偏差のことを指し、価格変動率のばらつきの度合いを表す。

●株価の日々の変化率から計算された標準偏差を年率換算するには、得られた標準偏差に1年間の取引日数に相当する250の平方根を乗じた値となる。したがって次の算式が成り立つ。

ボラティリティ＝日次変化率の標準編差×$\sqrt{250}$

●資産価格の過去の変動率のボラティリティをヒストリカル・ボラティリティ（またはアクチュアル・ボラティリティ）といい、オプション等のデリバティブの価格の中に想定されているボラティリティのことをインプライド・ボラティリティ（ＩＶ）という。ＩＶというのは、将来のボラティリティの予想値である。

コラム

バブル相場

１９８０年代後半および２０１２年12月からのアベノミクス相場では、株価はある段階になるとファンダメンタルの裏付けがなく需給だけで上がる状況となりました。いわゆる「買うから上がる、上がるからまた買う」状況です。買い意欲が旺盛で、少し下がればすぐまた買われて、「押し目買いに押し目なし」相場を形成しました。当時は経済的根拠も乏しい中、突然ストップ高となる銘柄が続出したり、業績や財務状況の悪い会社の株式が急騰したりしました。「赤信号、みんなで渡れば怖くない」的に投資家は株を買い続けていたわけです。冷静に株価の理論価格を考えれば、明らかにオーバーバリューであるはずなのに、熱狂の中では冷静に判断できないのが実態ではないでしょうか。このような状況では、冷静に考えて投資をしていたまっとうな投資家は取り残され、焦燥感を感じるものです。しかしこのような状況は長続きするものではないということをお忘れなく。

相場に次に掲げるような状況が観察されれば、黄信号が灯ったと思ってください。市場はマネーゲーム化しており、やがて乱高下を繰り返す可能性がありリスクが高まっていると考えられます。

- 株価が２００円台や１００円台の低位株といわれる銘柄が幅広く急騰するような状況
- 特定の銘柄に集中投資されている状況
- ストップ高となる株が急増する状況

PART 2

オプション取引の仕組みと特性を知っておこう

(1) オプションの仕組み

1　オプションとは

オプションとは、ある特定の物（「原資産」または「対象資産」といいます）を買う権利（コールオプション）、または売る権利（プットオプション）のことです。現在日本の市場で取引されているオプションの中では、日経平均株価のオプションが最も活発に取引されています。日経平均株価以外のオプションでは、ＴＯＰＩＸ、株式、外国為替、債券、コモディティ等に対するオプションが取引されていますが、本書においては、取引所に上場されている*日経平均株価のオプションに的を絞って解説します。

＊　取引所に上場されていないオプションのことを「店頭オプション」または「ＯＴＣオプション」という。日経リンク債やＥＢ債に組み込まれているオプションはＯＴＣオプションの代表例といえる。日経リンク債とは、クーポン（利札。債券の利子のこと）や償還額等が日経平均株価の動きに連動する債券のことをいう。ＥＢ債とは、償還額または償還の形式等が対象となっている株式の動きに連動する債券のことをいう。対象となっている株式の株価次第で、株式で償還する場合もある。

２　オプションの買い手と売り手

コールオプションを買った人は、日経平均株価をあらかじめ決められた価格で買う権利（プットオプションでは売る権利）を持ちますが、一方そのオプションを売った人には、日経平均株価をあらかじめ決められた価格で売る義務が発生します。プットオプションを売った人には日経平均株価をあらかじめ決められた価格で買い取る義務が発生します。

オプションの買い手は権利を主張しなければ、日経平均株価がいくらになっても何の制約も受けませんが、オプションを売った人は、オプションを買った人が権利を主張すれば（権利を主張することを「権利行使※」といいます）それに応じなければなりません。たとえば、日経平均株価が１万円のとき、日経平均株価を１万１０００円で買うコールオプションを売った人は、日経平均株価が１万２０００円になっても日経平均株価を１万１０００円で売り渡さなければなりません。時価１万２０００円の物を１万１０００円で売るわけですから１０００円損をします。オプションを売ったときに受け取った代金（「プレミアム」といいます）が仮に１００円だとすると、受け取ったプレミアムを差し引いても損をします。

一方、オプションの買い手は時価よりも１０００円安く日経平均株価を買えるわけですから、最初に支払ったオプション代金（プレミアム）を差し引いても利益を得ることが可能となります。日経平均株価を１万１０００円で買うコールオプションを買った人は、日経平均株価が９０００円になってしまえば、権利行使しません。なぜなら、時価９０００円の物を１万１０００円で買うことになるので、こんなことをする人はいないからです。オプションを買った人は、最初に払ったプレミアムを捨てることになります。これに対して、オプションを売った人は、最初に受け取ったプレミアムがそのまま手元に残ります。

図表2-1　オプションの売り手と買い手

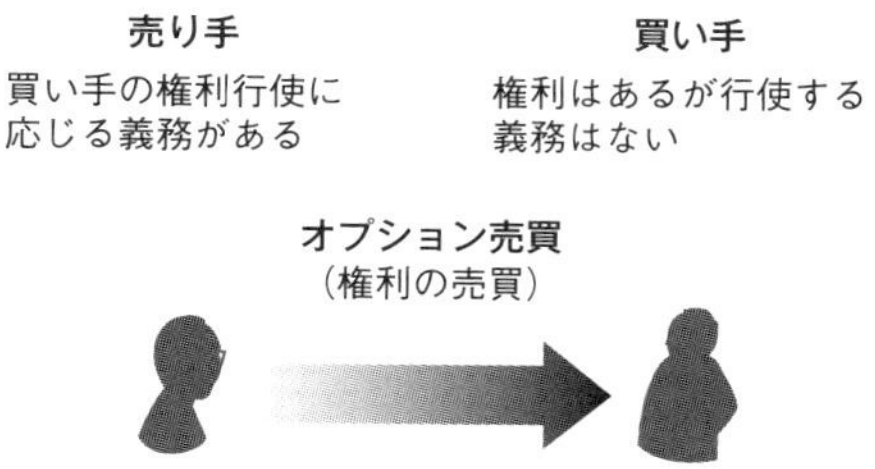

＊　権利行使には2種類のタイプがあり、いつでも権利行使ができるアメリカン型と、満期日のみ権利行使が可能なヨーロピアン型がある。取引所で取引されている日経平均株価のオプションはヨーロピアン型である。

このように最悪の場合、オプションの買い手は、オプション代金であるプレミアムを捨てることになるかもしれませんが、それ以上に損をすることはありません。予想が当たってうまくいけば将来大きな利益が期待できます。オプションの買い手は、リスクが最初に支払ったプレミアムに限定されていて、将来うまくいけば大きな利益が得られるかもしれません。

一方、オプションの売り手は、日経平均株価の変動により損失が発生した場合、事前に損失額が最大いくらになるかは計算できません。最悪の事態が起こった場合、想定外の大きな損失が発生する場合があります。一方、予想が当たってうまくいった場合は、オプションの買い手と違い、最初に受け取ったプレミアムが利益となり、これがオプションの売り手の最大利益となるわけです。オプションの買い手と売り手の満期日における損益は次ページの図表２－２のようになります。

オプションの売り手は、最大損失が限定されていないので、大きなリスクを背負うことになり、オプションの買い手と比べて分が悪いような印象を持ちます。しかし、リスクが大きいので、当然オプションの売り手にはそれに見合うメリットがあるはずです。

図表 2-2　満期日におけるオプションの損益図

コール·オプション

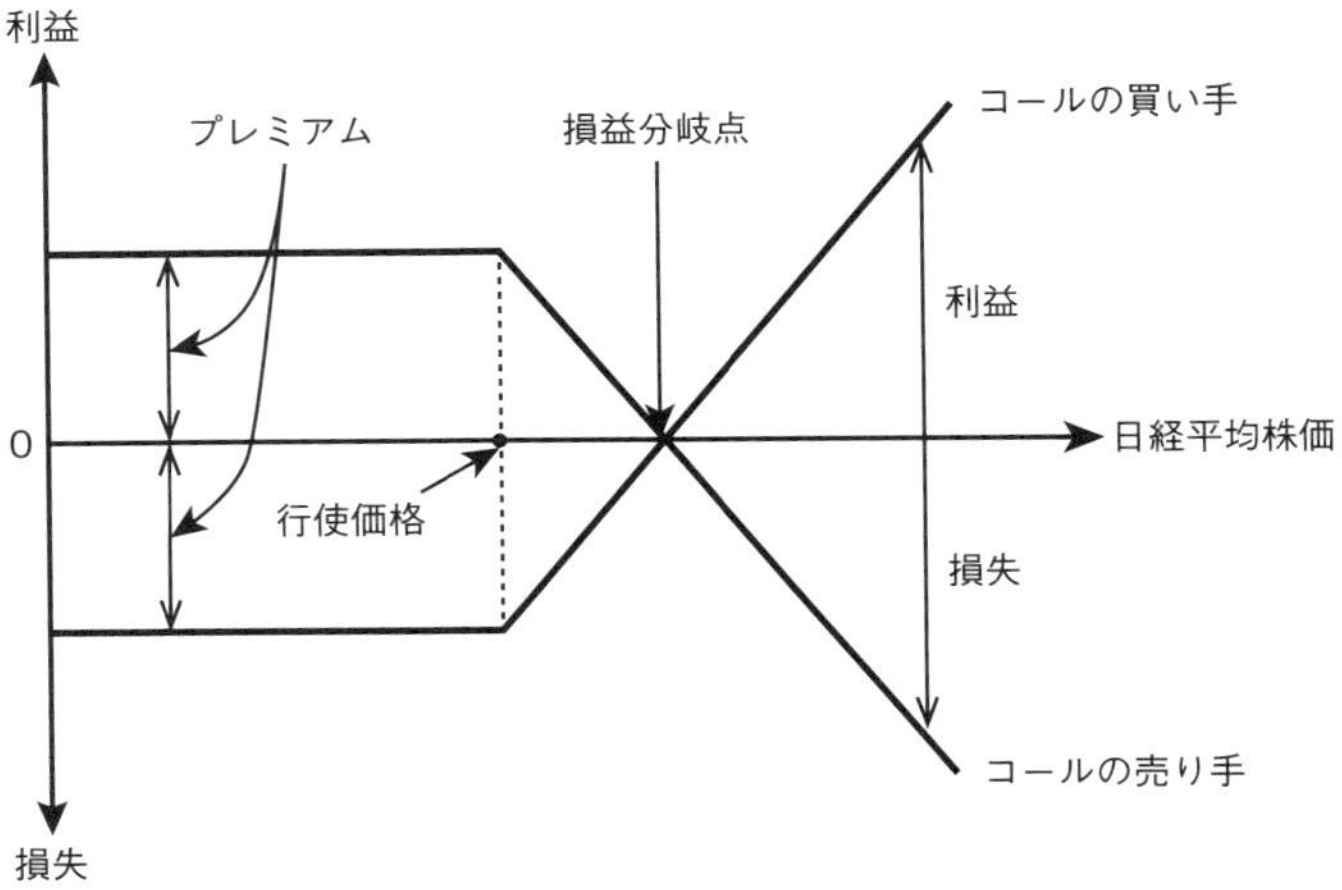

プット·オプション

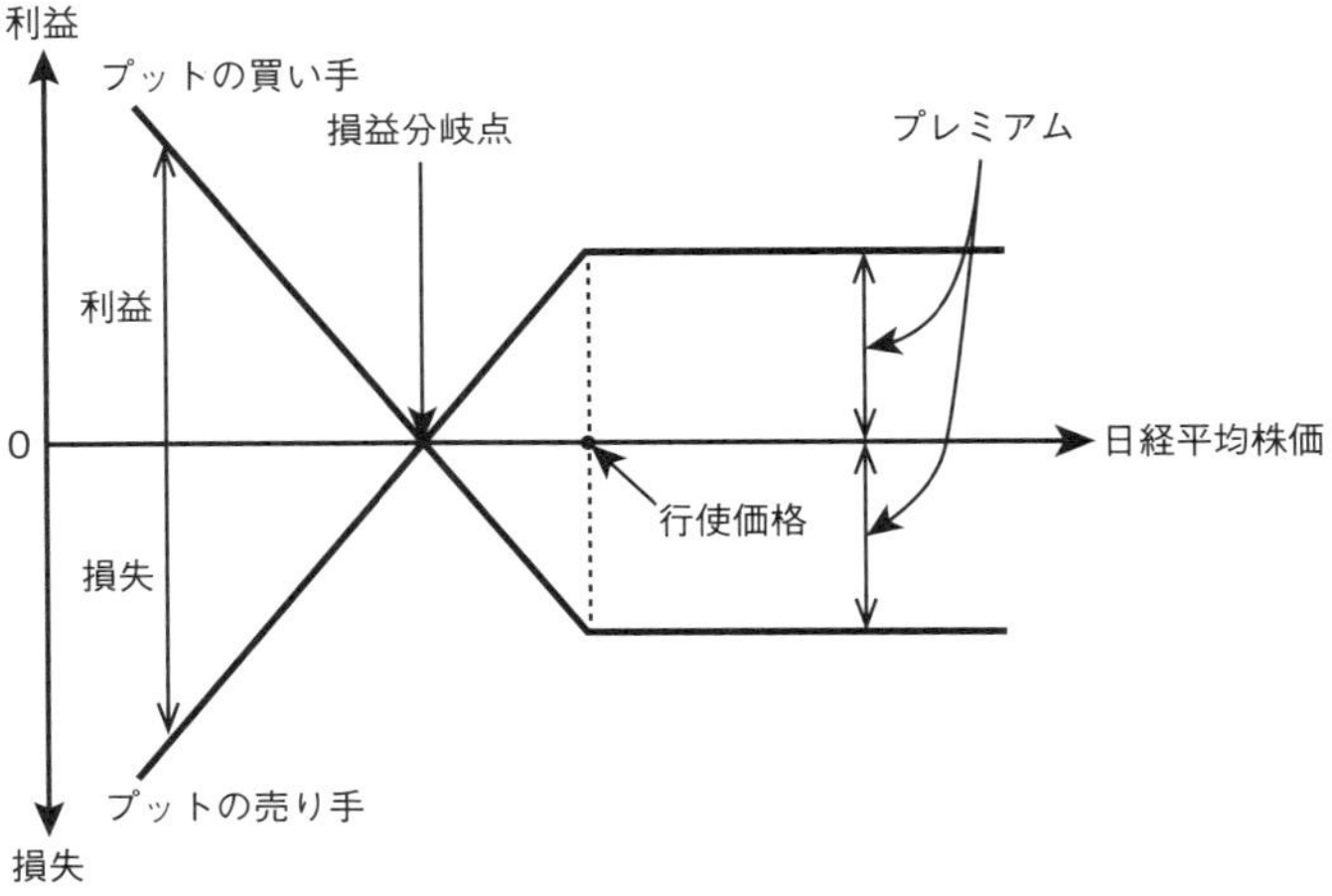

3　「取引期日」までには売買を実行する

オプションは、株式や外国為替と違い、取引できる期限があります。その期限を過ぎると、オプションは消滅してしまいます。つまり、期限内に売買を行わなければならないということです。日経平均株価のオプションの取引期日については、(2)「オプションの取引ルール」で詳しく解説します。

4　事前に決められた売買価格である「行使価格」

通常、物を買う場合は、必ず価格が決められています。日経平均株価のオプションでも、日経平均株価をいくらで買うという取り決めがあります。通常の物の価格と違い、オプションでは、価格が複数存在します。日経平均株価が1万円のときに1万円で買う権利があれば、9500円で買う権利もあります。また、１万１０００円で買う権利もあります。

オプションで事前に決められた売買価格のことを「行使価格」といいます。物を買うときの道理は、誰でも安く買いたいと思っているのに、どうしてオプションでは、今現在より高い価格で買うという権利があるのでしょうか。通常の物の売買と違うところは、対象となる物（この場合は日経平均株価）の価格は刻々と変化し、上がったり下がったりします。このため、あらかじめ決められた期限内に、１万円だった日経平均株価が１万２０００円になれば、１万１０００円で日経平均株価を買う権利を持っている人も儲かるわけです。１万２０００円の物を１万１０００円で買えるわけですから１０００円儲かります。

１万１０００円のコールオプションを１００円で買ったとしても、差し引き９００円儲かるわけです。コールオプションは期限内に日経平均株価を買う権利なので、日経平均株価が安いと思ったときにコールオプションを買えばいいのです。予想どおりその後日経平均株価が上がれば、オプションの価格も上がるので、値上がりしたオプションを売って利益を得ることができます。日経平均株価が１万円のときに９５００円で買う権利は、最初から格安で日経平均株価を買えるわけですから、当然オプションの価格は高くなります。最初から５００円儲かっているわけですから、当然５００円以上はします。

オプションの価格はこのように、各行使価格につりあった値段となっているのです。

行使価格が日経平均株価より高いコールオプションまたは行使価格が日経平均株価より低いプットオプションのことを「アウト・オブ・ザ・マネー（OTM）」のオプションといいます。アウト・オブ・ザ・マネーとは、利益が出ていないという意味です。

一方、行使価格が日経平均株価より低いコールオプションま

図表 2-3　行使価格と原資産の価格（コールオプション）

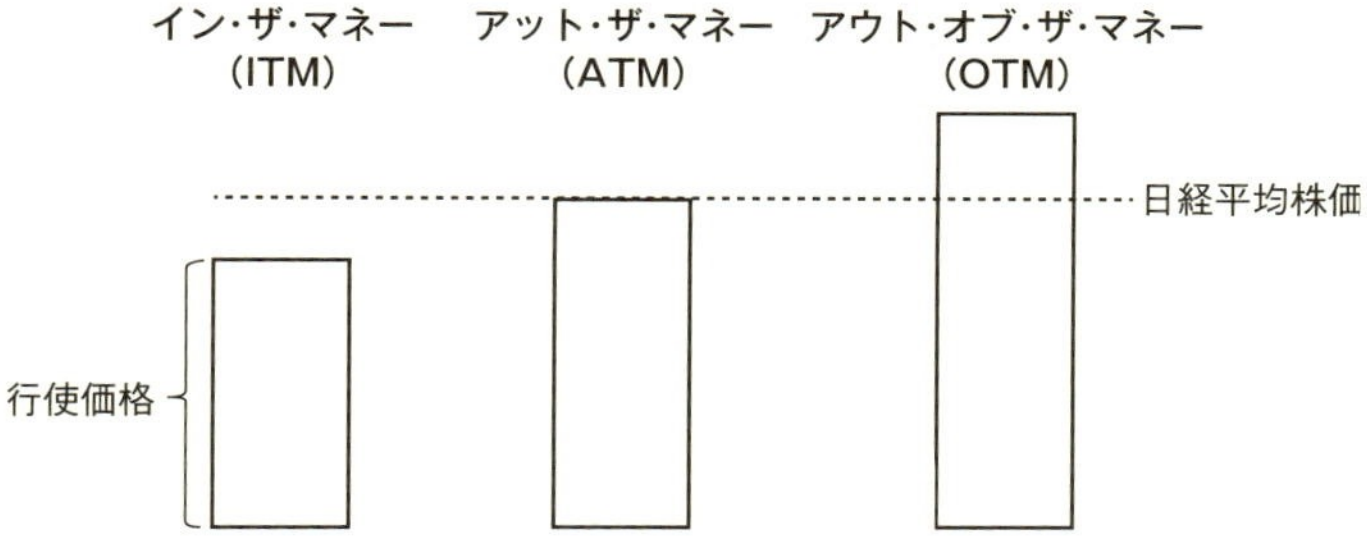

図表 2-4　行使価格と原資産の価格（プットオプション）

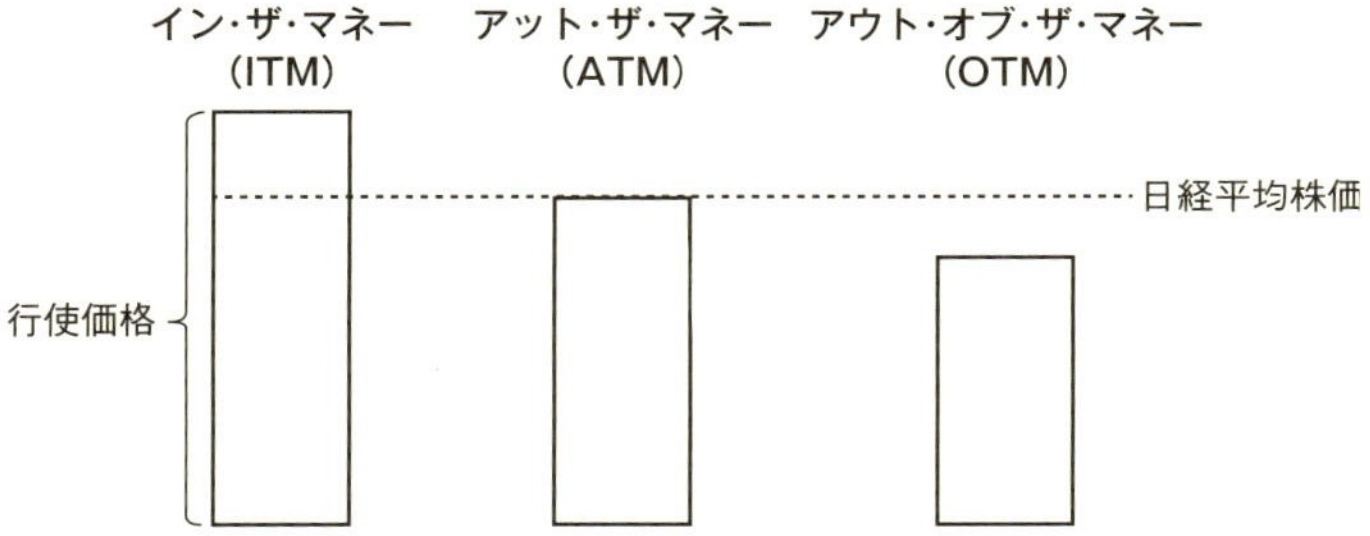

たは行使価格が日経平均株価より高いプットオプションのことを「イン・ザ・マネー（ＩＴＭ）」のオプションといいます。イン・ザ・マネーとは、利益が出ているという意味です。

どちらでもない、つまり日経平均株価と行使価格が等しい状況を「アット・ザ・マネー（ＡＴＭ）」といいます。

図表２－３、図表２－４はこれらの関係を表しています。

日経平均株価は刻々と変動するので、完全にアット・ザ・マネーとなることはあまりありません。そのため、アット・ザ・マネー近辺のオプションという使い方をよくします。また大きくアウト・オブ・ザ・マネーまたは、イン・ザ・マネーの状態のことを「ディープ・アウト・オブ・ザ・マネー」または「ディープ・イン・ザ・マネー」というような言い方をします。ディープ（Deep）とは深いという意味ですが、大きく離れていることを意味します。これらの用語はオプション取引でよく使われます。

５　本質的価値と時間的価値

日経平均株価が１万円のときに行使価格９５００円のコールオプションは、すでに５００円得をしているわけですから５００円以上します。仮に７００円で取引されているとすると、５００円を本質的価値、７００円から５００円を差し引いた２００円を時間的価値と呼びます。このオプションでは時価１万円の物を５００円安い９５００円で買う権利ですから５００円の儲けがあります。それを本質的価値と呼ぶわけです。

将来の日経平均株価いかんではオプションの買い手はさらに儲かるかもわからないので、将来儲かる可能性に対する対価として２００円余計に払い、合計７００円を払ってこのオプションを買っています。

オプションの価格は次ページ上記の算式のように、本質的価値と時間的価値を加えたものとなります。

オプション価格 ＝ 本質的価値 ＋ 時間的価値

本質的価値とは、オプションがイン・ザ・マネーの状態のときにいくらイン・ザ・マネーになっているかを表すので、行使価格と原資産の時価との差額となります。イン・ザ・マネーの状態のときのみプラスの値となり、そうでなければゼロとなります。図表2－5は、コールオプションのオプション価格と行使価格および原資産の価格との関係を表しています。

オプションの時間的価値は、時間の経過とともに変化し、オプションの満期日にゼロとなり消滅するので、そう呼ばれます。また、オプションそのものが満期日に消滅するので、オプションは消耗資産（wasting asset）と呼ばれ、満期日にイン・ザ・マネーで終わらなければオプション価値はゼロになります。

このためオプションの価値は、日経平均株価や後で解説するボラティリティが変わらなければ、時間の経過とともに、まるで経年劣化のごとくどんどん減少してしまいます。この特性をうまく利用して取引することで、利益を得ることが可能となります。

コールオプションであっても、プットオプションであっても、オプションを買い持ちしていれば、日時の経過とともにオプションの時間的価値が減少するので、市場が予想どおりに動かなかった場合は、価値の目減りが大きくなり、ますます儲ける機会が遠のくことになります。

一方、オプションを売り持ちしていれば、時間の経過とともにオプションの時間的価値が減少するので、じっと待っていれば安くポジションを買い戻せるチャンスが増してきます。忘れていても、日銭が日時の経過とともに蓄積され、相場の読みがはずれても、時間がある程度解決してくれます。ただし、市場が大きく変動した場合は、時間的価値の減少を享受できない場合もあるので注意を要します。

日経平均株価が１万円のとき、１カ月以内に１万１０００円になる可能性と１年以内に１万１０００円になる可能性を考えると、１年以内に１万１０００円になる可能性の方が高いので、同じ行使価格でのオプションでは、期限が長くなればなるほど、プレミアムは高くなります。

図表2-5　オプション価格と行使価格および原資産の価格（コールオプション）

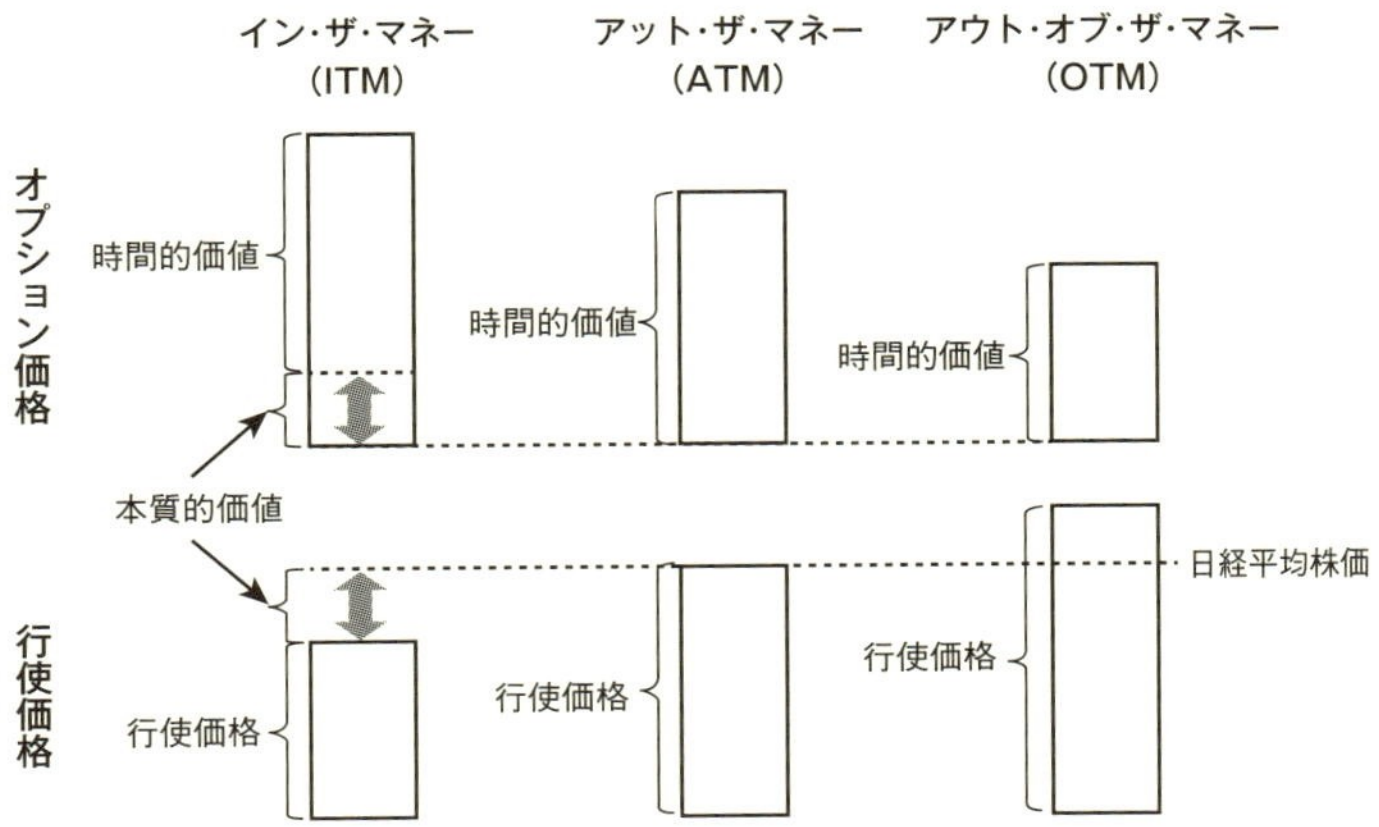

時間的価値は、オプションの満期までの期間だけでなく、将来予想される日経平均株価の変動率にも大きく左右されます。相場が凪《なぎ》のようにあまり動かないときと、予想外のことが起こって相場が乱高下を繰り返す場合を考えます。日経平均株価が１万円のとき、１カ月後に満期を迎える行使価格１万１０００円のコールオプションの価格は、相場があまり動かないときには、相場が乱高下を繰り返す場合よりも安いはずです。それは相場が凪のようにあまり動かないときの方が、日経平均株価が１万１０００円になる可能性が低いからです。

ボラティリティ（オプションでボラティリティといえばＩＶのことを指すのが一般的です）が高くなれば、オプション価格が高くなります。オプションの本質的価値はボラティリティとは無関係なので、ボラティリティが高くなれば、オプションの時間的価値が高くなるということです。

6　レバレッジ効果（てこの原理）

日経平均株価が1万円のとき、１０００株の日経平均株価のＥＴＦ（上場投資信託）を買うには１０００万円の資金が必要となります。日経平均株価が1万円のとき、行使価格1万円のコールが１００円で取引されていると仮定します。このコール１枚は１００円×１０００＝10万円の資金で買えます。ここで、１００円ではなく１０００倍した金額が取引金額となるのは、株式を取引したときの取引金額を計算する際、株価に株数を乗じるのと同じように、オプションの取引金額を計算する際も、オプション価格を１０００倍します。オプション価値に乗じた数（１０００）のことを「乗数」（マルチプライア）といいます。

日経平均株価が1万１０００円になった場合、このコールオプションの本質的価値が１０００円となるのでオプション価格は１０００円以上となります。仮にそのオプション価格が１０５０円だったとすると、９５０円（１０５０－１００）の儲け、つまり金額的には95万円（９５０×１０００）儲かることになります。

一方、日経平均株価が1万1000円になったときに前述のETFを売れば、1100万円手元に入り、100万円を儲けることができます。1000万円の資金で100万円（10％の利益）儲けるのに対し、オプションの例では、10万円の資金で95万円（9・5倍の利益）儲けることになり、少ない資金で投資をし、大きな利益を得ることができます（損をするときは逆に働きます）。これを、「レバレッジ効果」（てこの原理）といいます。

7　取引金額と想定元本

前述の例では、コールオプションを買った場合、10万円で1000万円相当の日経平均株価を買う権利を手に入れました。ここでの10万円は実際の取引金額ですが、取引している経済効果（損益等のこと）を計算する場合、行使価格に乗数を乗じた1000万円相当の額をもとにしています。この行使価格に乗数（日経オプションの場合1000）を乗じた額のことを「想定元本」といい、これは名目上の元本のようなものです。

想定元本とは、投資の対象となっている原資産（今の場合、日経平均株価）の大きさを表します。日経平均株価が10％上がった場合、あなたが投資の対象としている原資産は想定元本の合計額に対して10％増えることになり、それをもとにオプション価値が算出されることになります。

想定元本は、損益やリスクを計算する上で重要な概念となります。

――（1）「オプションの仕組み」まとめ――

●コールオプション：ある特定の物（原資産または対象資産という）を買う権利のこと
　プットオプション：原資産を売る権利のこと

●オプションの売り手はオプションの買い手が権利を行使すればそれに応じる義務がある。

●オプションの買い手は権利を行使する義務はない。

●オプションの取引代金のことをプレミアムという。

●オプションの売り手の最大利益は最初に受け取ったプレミアムに限定されるが、損失の額は無制限となる。

●オプションの買い手の最大損失は最初に受け取ったプレミアムに限定されるが、利益の額は無制限となる。

●オプションは株式や外国為替と違い、取引できる期限があるので、期限内に売買を行わなければならない。

●オプションで事前に決められた、原資産を売買する価格のことを「行使価格」といい、行使価格は複数存在する。

●コールオプションで、原資産の時価が行使価格を下回っている状態のことをアウト・オブ・ザ・マネー（OTM）という。プットオプションでは、原資産の時価が行使価格を上回っている状態のことをアウト・オブ・ザ・マネーという。それぞれその逆の状態をイン・ザ・マネー（ITM）という。

●原資産の価格と行使価格が同じ状況をアット・ザ・マネー（ATM）という。

●オプションの価値は本質的価値と時間的価値に分解できる。

●本質的価値とは、仮に現時点でオプションの権利を行使した場合の得られる利益のことをいう。

オプションがイン・ザ・マネーの状態でなければ本質的価値はゼロとなる。

●オプションの時間的価値は時間の経過と共に減少する。

●オプションは少ない資金で大きな利益を上げることができる（大きな損失を被ることもありうる）。

これを「レバレッジ効果」（てこの原理）という。

●オプションの行使価格に乗数（日経オプションの場合は1000）を乗じた額のことを想定元本といい、名目上の元本のようなもので、リスクや損益を計算するときのもととなる値である。

コラム

とどのつまり、儲かることが肝心

これまでは、オプションの仕組みを解説しましたが、投資家にとって意味があるのは、安く買って高く売る方法であり、仕組や契約形態などはさほど重要ではありません。重要なのは、いかにすればオプション取引で儲けることができるかです。

オプションも株式と同じように、価格が刻々と変動します。株式や外国為替と大きく違うところは、オプションの価格は独立したものではなく、原資産に連動して変化することにあります。派生商品といわれるのは、原資産から派生した商品であるからです。

オプション取引の投資効率を上げるには、原資産に関する知識を深める必要があり、常に原資産の動向に目を光らせておくことが重要です。

(2) オプションの取引ルール

1　投資家としての適合性の原則

通常、証券会社は投資家がオプション取引を許可するに値するかどうかを審査します。というのは、オプション取引はレバレッジ効果が高く、ハイリスク・ハイリターン商品であるからです。オプションの買い取引の場合は、損失が発生しても、最初に支払ったプレミアム＋手数料以上の損失を出すことはありませんが、オプションの売り取引の場合は、差し入れた証拠金の何倍もの損失（評価損を含む）が発生する可能性があります。現実的にはオプション1枚の売りで思わぬ損失を出す場合も起こりえないとは言い切れません。

このため、証券会社はオプション取引に関する知識・経験およびある程度の資産がなければ簡単に口座を開設してくれない場合があります。特にオプションの売り取引を行う場合はそれなりの審査がある場合が一般的です。

したがって、経験のない人は、本書のようなオプション取引の入門書を読んだり、証券会社が主催するオプション取引に関するセミナー等に参加して、オプション取引の基本的なルールと仕組みを理解するのが先決でしょう。

証券会社においては、誰でも最初は未経験者であるため、経験者のみを対象に口座開設するようでは、口座数が増えないので、それなりの工夫はしているはずです。

オプション取引の基本的なルールと仕組みを理解し、証券会社が口座を開設してくれれば、最初はオプションの買い取引で経験を積むのが望ましいといえます。確率的にはオプションの買いで、利益を継続的に上げるのはなかなか難しいことなので、授業料だと思って、タイミングを見計らって少ない資金で売買を行ってください。くれぐれも、頻繁に取引を行わないようにするのが賢明だと思います。

2　日経平均オプション（日経225オプション）特有のルール

最低限知っておかなければならない日経平均オプションのルールには、以下のようなものがあります。

2.1　「枚」単位で数える建玉

建玉《たてぎょく》とは、オプション取引を行った後、そのまま保有しているオプションのことをいいます。オプションを買ってそのまま買い持ちしているオプションのことを買い建玉、オプションを売ってそのまま売り持ちしているオプションのことを売り建玉といいます。株式を数える場合の「××株」と違い、オプションの数を数える場合は1枚、2枚というように、「枚」を使います。「コールオプションの買い建玉は全部で5枚あります」というような使い方をします。

2.2　19種類ある限月

オプションには満期の期日があり、期日を迎える（満期となる）月のことを限月《げんげつ》と呼び、各限月の第2金曜日が満期日となります。日経平均のオプションでは5年先まで毎年6月と12月に満期となる合計10種類の異なった満期日のオプション、1年6カ月先まで3月と9月に満期となる合計3種類の異なった満期日のオプション、およびそれ以外の直近6限月の取引が上場されています。平成26年6月30日現在、全部で19種類の異なった満期日のオプション（つまり19限月）が常に上場されていますが（図表2－6参照）、実際に頻繁に取引が成立しているのは、せいぜい直近の2限月といえます。

2.3　反対売買とSQでの自動決済

オプションの決済には、反対売買と満期日におけるSQ値での自動決済の

図表 2-6　オプションの限月　（平成26年6月30日）

限月	H26年	H27年	H28年	H29年	H30年	H31年	限月数
6月、12月	12月	6月、12月	6月、12月	6月、12月	6月、12月	6月	10
3月、9月	9月	3月、9月					3
直近6限月	7月、8月 10月、11月	1月、2月					6
合計限月							19

2種類の方法があり、満期日まで待っていなくても、満期日以前にオプションの建玉を反対売買して、建玉を精算することができます。

限月を迎えるオプションは、その月の第二金曜日の前日（午後3時15分）に取引が終了します。翌日に満期を迎えるオプションは夜間取引が行われないので、注意が必要です。オプション取引は何月に満期の期日を迎えるかを把握した上で行うことが必要です。

満期日まで保有したオプションは、満期日の日経平均株価の構成銘柄の始値をもとに計算した日経平均株価である特別清算価格（SQ値）で評価されます。通常の日経平均株価は同じ時間での日経平均株価の構成銘柄の価格（取引値がない場合は気配値）で計算した値であり、両者は必ずしも一致しません。このため、SQ値はそのとき取引されている日経平均株価と大きく乖離した値となることがあります。

したがって、オプションの建玉がイン・ザ・マネーになっている場合は、予期せぬ利益や損失が発生する場合があるので、注意が必要です。また、当然アウト・オブ・ザ・マネーで終わると期待していた建玉がイン・ザ・マネーになってしまうこともあるので、このようなリスクのある建玉には十分な注意が必要となります。

2.4 株式とは異なる取引時間

日中の取引時間は9～15時15分までで、株式の取引時間と違い昼休みの間も連続して取引されています。株式取引は15時で終了しますが、日経平均先物やオプション取引はその後15分間取引が行われます。ただし15時10分以降最後の5分間は、注文は受け付けられますが、取引（つまりオークション）は15時15分の時点でのみ行われます。

さらに、日経平均先物や日経平均オプションは夜間取引が行われ、16時30分より翌日の3時まで連続して取引が行われます（平成26年6月30日現在）。夜間取引においても、日中の取引のように、取引時間の最後の5分間は、注文は受け付けられますが、取引（つまりオークション）は3時の時点でのみ行われます。

図表 2-7　オプションの取引時間

〈日中取引時間〉

9時～15時15分

〈夜間取引時間〉

16時30分～翌日３時

2.5　呼び値・行使価格

①　行使価格は１２５円刻みとなっています（平成26年6月30日現在）。ただし、日経平均株価の現在値から大きく離れた行使価格や遠い限月の行使価格は２５０円刻みとなっています。

②　50円以下で取引されているオプションの取引価格は1円刻みで、最低の取引価格は1円となっています。50円を超えるオプションは5円刻み、１０００円を超えるオプションは10円刻みの取引価格となっています。

図表 2-8　オプションの板情報の例

（平成26年６月30日引け）
日経225ミニ（７月限）終値:15,155円

コール：行使価格 15,500		
売り注文の枚数	価格	買い注文の枚数
326	70	
443	65	
430	60	
271	55	
	50	468
	49	146
	48	373
	47	314

プット：行使価格 15,500		
売り注文の枚数	価格	買い注文の枚数
434	7	
463	6	
571	5	
469	4	
	3	423
	2	1,485
	1	1,347

コール：行使価格 14,125		
売り注文の枚数	価格	買い注文の枚数
123	1,080	
114	1,070	
90	1,060	
81	1,050	
	1,020	81
	1,010	90
	1,000	114
	995	123

プット：行使価格 16,125		
売り注文の枚数	価格	買い注文の枚数
108	1,010	
114	1,000	
105	995	
96	990	
	960	81
	955	105
	950	114
	945	108

オプションの板情報＊の実際の例を図表2－8に示します。

＊ 板情報とは、株式や先物・オプション等のオークションを行うときの売り注文と買い注文のそれぞれの価格と数量を並べたものをいう。昔は1枚の板の上に書かれていたため、「板」という言葉が今も使われている。

2.6 証拠金

オプションを売り建てる場合は、証券会社に証拠金を預ける必要があります。それはオプションを売った場合、オプションの仕組のところで解説したように、最悪の事態が起こったとき、事前にその損失額が計算できないので、証券会社は自己防衛のため、顧客から多めの預り金を差し入れてもらって、不測の事態に備えるためです。顧客が損失を埋めきれない場合、証券会社が取引所に対してその損失を穴埋めしなければならないからです。オプションを買うだけなら、オプション代金を払えば、それ以上の預け金を差し入れる必要はありません。それは、オプションの買い手は最初に支払うオプション代金以上に損をすることがないためです。

証拠金の計算は複雑で、かつ相場が変動した場合は突然証拠金率が上がって、予期しない追証《おいしょう》（追加に差し入れが必要となる証拠金のことをいます）が発生することがあります。追証を期限内に差し入れない場合は、証券会社は建玉を解消し、証拠金の範囲内に損失が収まるようにします。投資家は、そのまま建玉を待っていれば評価損が解消されるかもしれないのに、強制的に建玉が清算され、損失が確定することになり、予想外の損失をこうむることがあります。

オプション取引に必要な証拠金は、原則として、

①　建玉ごとに必要な最低証拠金

②　全体のポジションの価格変動度に応じた金額

③　建玉の評価損益

から計算されます。相場が激変する場合は、①②がともに大幅に増え、評価損が膨らんだ場合はそれがさらに加算され、予想外の金額の追証が発生し、支払不能になる場合がありますので、常に余裕を持ってポジションを取ることをお勧めします。

原則として、オプションを売り建てる場合は、投資資金の3分の1は待機資金として証券口座に置いておくことをお勧めします。残りの3分の2の資金で取引を行い、突然の追証に備えておくことが必要です。

――（2）「オプションの取引ルール」まとめ――

●建玉、決済方法、限月、取引時間、呼び値および行使価格の定義と取り決めを理解する。

●オプション取引を行うには、証券会社に証拠金を預けなければならない。

●相場が激変する場合は、予想外の追加の証拠金（追証という）の差し入れが要求されることがあるので、常に余裕を持ってポジションを取る。

●オプションを売り建てする場合は、投資資金の3分の1程度を待機資金として証券口座に置いておくことが望ましい。

(3) オプションの特性

1　オプション価格は何によって決まるか

オプションの価格は株価のように理論価格が存在するものではなく、究極的には投資家の思惑できまるものです。といってもでたらめな価格で取引されるのではなく、一定の特性をもって価格が決定されます。オプションというのは原資産をもとにして作られた派生商品ですから、当然オプション価格は原資産の価格に連動します。コールは原資産の価格が上がれば通常価格は上がり、プットは原資産の価格が下がれば通常価格は上がります。

一方、オプションには、他の金融商品にはない特有の特性があります。それは、オプションの価格は原資産価格の将来の変動の度合いと満期までの期間に影響されるという特性です。この2つの特性を理解しないで、「日経平均株価が上がるのは間違いなさそうだ」と思って、やみくもにコールを買うと、なかなか儲けることができないばかりか、日経平均株価は上がっても逆に損をすることさえあります。

オプションの満期までの期間そのものは物理的な事象なので、投資家の意思により決定されるものではありませんが、原資産価格の将来の変動性であるＩＶは、目に見えるものでもなく投資家の思惑に基づいたものなので、事前に確定できません。それゆえ投資家の思惑が変われば変化するものです。したがって、ＩＶの決定要因を理解しなければオプション価格の動向を適切に予測することができないといえます。ボラティリティについては、次項以降でさらに詳しく解説します。

オプション投資は、なんだか考えなければならないことが多すぎて、難しいように思われますが、慣れてしまえば株式投資より機械的かつ継続的に利益を確保することが可能です。

図表 2-9　オプション価格に直接的に影響を及ぼす要因

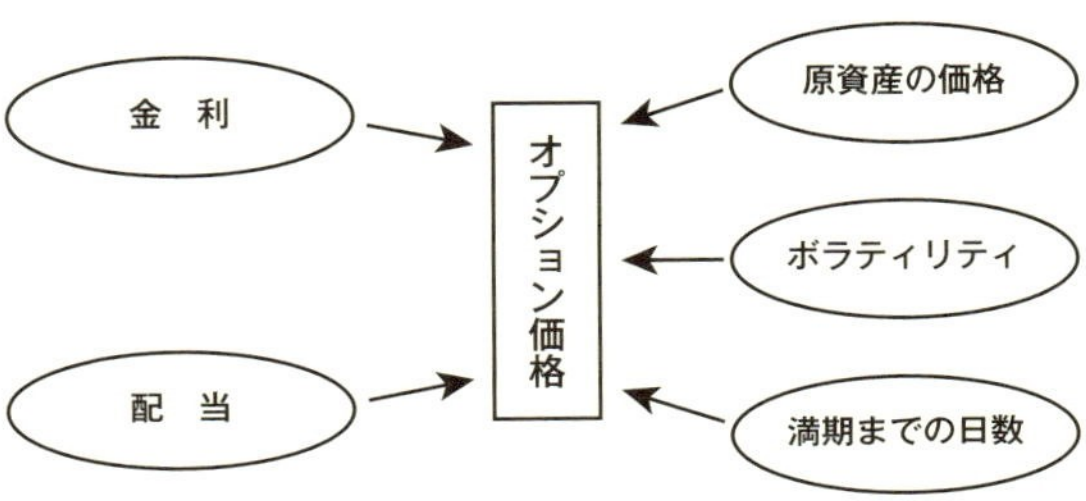

オプション価格は、図表２－９で示す５つの要因により決定されます。この５つの価格決定要因の中では、原資産の価格の影響が最も大きいといえるでしょう。

１日の中でコールオプションは、日経平均株価が上がれば通常価値が上がり、日経平均株価が下がれば通常価値が下がります。プットオプションは日経平均株価が上がれば通常価値が下がり、日経平均株価が下がれば通常価値が上がります。日経平均株価のようにＩＶも１日の中で変動しますが、１日の中ではＩＶがオプション価格に与える影響度は、日経平均株価の変動による影響度よりも通常小さいので、日経平均株価がオプション価格の最大の決定要因だといえます。

１日の中で日経平均株価は２％以上変動することがたまにあり、ＩＶは10％以上変動することがあります。それでは、１日の中で日経平均株価が２％変動した場合と、ＩＶが10％変動した場合のオプション価格への影響度を調べてみることにしましょう。

日経平均株価が１万円のとき、行使価格１万１０００円の満期まで１カ月のコールオプションの価格は、ボラティリティを20％とすると、標準的なオプション計算式を使えば13円となります。同日中に、日経平均株価が２％上がり、１万２００円になれば、同じボラティリティで計算するとこのコールオプションの価格は28円となり、コールオプションの価格は実に２倍以上となります。

では、日経平均株価は動かず、ボラティリティだけが10％上がればこのコールオプションの価格はいくらになるかというと、20円となり、オプションの価値は約54％上がりますが、日経平均株価が2％上昇したときに比べてオプション価格の上昇率は小さくなります。

したがって、オプション投資で儲けるためにも、原資産の動きを的確に予測することが重要となります。原資産の動きを予測するには、ＰＡＲＴ１の予備知識を参照してください。

2　ボラティリティ（価格変動性）の特性

2.1　インプライド・ボラティリティ（IV）とは

ＩＶとは、価格のように目に見えるものではなく、オプション価格の中に反映されている価格決定要素の一つといえます。実際には、複雑な計算式を用いて、オプション価格から理論的に計算された予想ボラティリティのことをＩＶといい、統計的なモノサシ（標準偏差）を使って将来の原資産の価格変動性を表したものです。つまり、ＩＶとは、将来の原資産価格変動のボラティリティを予想した値であるといえます。

満期まで１カ月程度のアット・ザ・マネー（ＡＴＭ）の日経平均オプションのＩＶは通常15％～25％の範囲で取引されています。投資家は直近の日経平均株価の変動の度合いを参考にしながら、たとえば今後１カ月間の日経平均株価の変動の度合いを予想するので、直近の日経平均株価の変動の度合い（アクチュアル・ボラティリティ）がＩＶの大きな決定要因だといえます。アクチュアル・ボラティリティが高くなる

図表 2-10　日経平均株価のアクチュアル・ボラティリティ

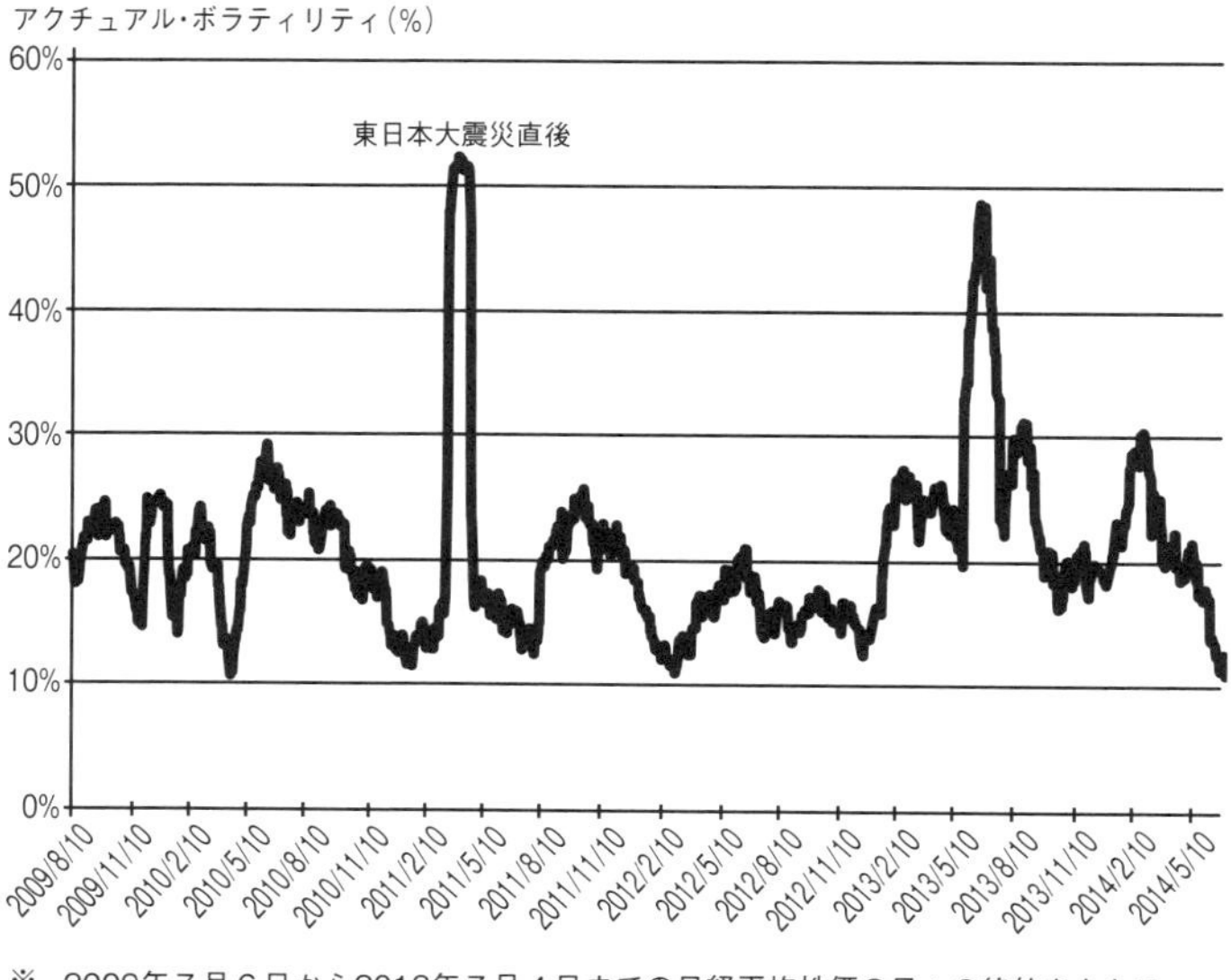

※　2009年７月６日から2013年７月４日までの日経平均株価の日々の終値をもとに算出した１カ月間のボラティリティ。

とＩＶも高くなり、アクチュアル・ボラティリティが低くなるとＩＶも低くなる傾向があります。日経平均株価の過去5年間のアクチュアル・ボラティリティの動きを見ると、２０１１年の東日本大震災直後と２０１３年5月に相場が急落した直後を除けば、アクチュアル・ボラティリティは10～30％の範囲に収まっています（図表２－10参照）。ＩＶもアクチュアル・ボラティリティと同じような動きをしています。

2.2 ボラティリティ*が変化する状況

ボラティリティは、日経平均株価が急騰または、急落した結果、日経平均株価の動きに追随して副作用的に急激に変化する場合と、重要なイベントがある場合において、そのイベントの後で日経平均株価が大きく上下どちらかに動くと予想されるときのように、日経平均株価の動きに先行して変化する場合があります。また、オプションの時間的価値の減少と相互作用的に変化する場合があります。

* オプションのことを論ずる場合、ボラティリティとインプライド・ボラティリティ（ＩＶ）は同義的に使われる場合が多い。本書においても、このような使い方をしている。

2.3　ボラティリティの特性

❶ 原資産価格の変動とＩＶの関係

株価は急騰したり、急落したりしますが、ＩＶは急騰することはあっても、急低下することはあまりないといえるでしょう。したがって、ボラティリティの観点からは、オプションを売り建てしている場合の方が、オプションを買い建てしている場合よりリスクが高いといえそうです。

相場が急落し、投資家の不安心理が高まるとＩＶは急騰します。たとえば、突然地震で東京が壊滅的な状態になることは、事前に誰も予想できないし、将来起こりえないとは言い切れません。もしそのようなことが起これば、日経平均株価は間違いなく急落するでしょう。投資家はパニック状態となり、ＩＶは急騰するでしょう。

一方、相場が急騰した場合もＩＶが上昇することがありますが、急

図表 2-11　原資産価格の変動とIVの関係

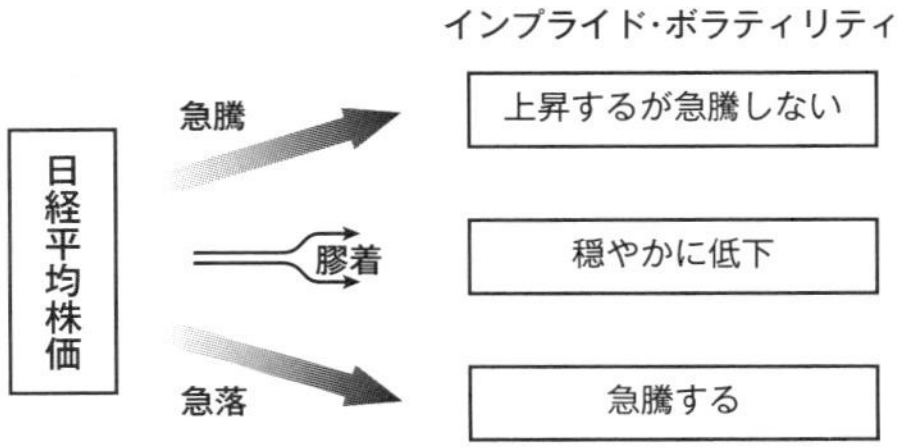

騰することはまずありません。通常は相場が上昇すれば、ＩＶは低下します。また、ＩＶは、相場が膠着《こうちゃく》状態になった場合では、急低下せず徐々に低下する傾向があります。これは、相場が突然膠着状態になっても、その状態が長らく続くことに当初投資家は自信が持てないからではないかと考えられます。

❷プットとコールのボラティリティ

このように、相場が急落すれば確実にＩＶは急騰し、相場が急騰してもＩＶは急騰しないと予想されるため、コールオプションを売り建てするのに対し、プットオプションを売り建てする方が、リスクが高いといえます。このため、次ページの図表２－12に示されているように、アウト・オブ・ザ・マネーのプットオプションのボラティリティは同じ程度アウト・オブ・ザ・マネーのコールオプションのボラティリティより通常高めに取引されています。高いリスクがある場合は、より高いリスクプレミアム（リスクに対する割増金のようなもの）を支払わなければ誰もリスクを取ってくれないからです。

たとえば、現在の日経平均株価より10％高い行使価格のコールのボラティリティより、現在の日経平均株価より10％低い行使価格のプットのボラティリティの方が高いということです（図表2－12により、コールのＩＶ（図表のⒶ）は約20％、プットのＩＶ（図表のⒷ）は約24％と読み取れます）。プットのＩＶの方がコールのＩＶより高いのは、株式の買い持ちポジションに対するヘッジニーズがあるからだともいわれています。

また、通常コールのボラティリティはアット・ザ・マネーからアウト・オブ・ザ・マネーになってもボラティリティの変化はあまり見られませんが、プットオプションの場合はアウト・オブ・ザ・マネーになればなるほどボラティリティが高くなる傾向があります。このことは、コールオプショ

図表2-12　プットとコールのボラティリティ曲線※（通常の状態）

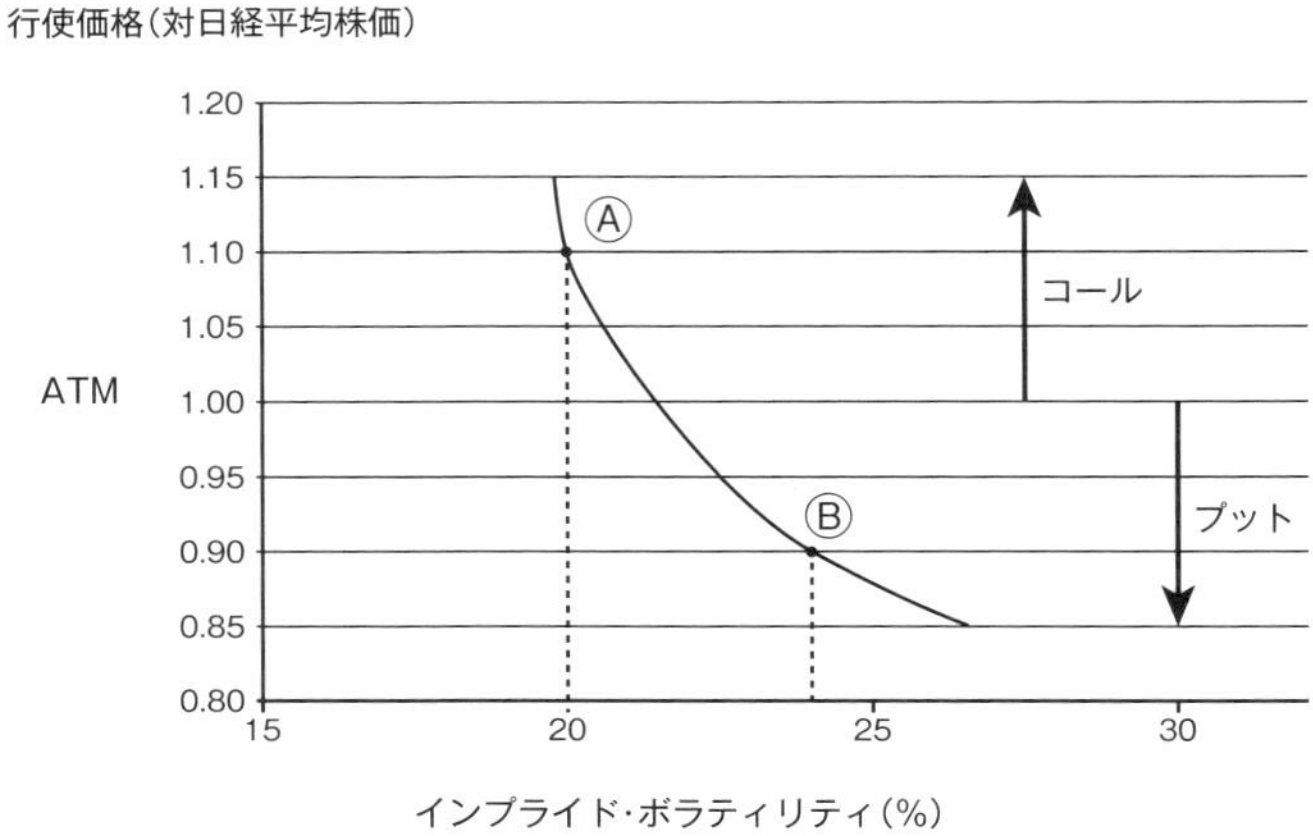

＊ ボラティリティ曲線とは、行使価格とインプライド・ボラティリティ（IV）との関係を表したグラフであり、通常はボラティリティをY軸に、行使価格をX軸にとってプロットしているのが一般的（上記のグラフとX軸とY軸が逆になっている）。一般的なボラティリティ曲線は人が微笑んでいる口の形に似ていることから「スマイルカーブ」と呼ばれることがある。

ンのボラティリティは行使価格に対する原資産価格の位置にあまり影響を受けないといえますが、プットオプションのボラティリティは行使価格に対する原資産価格の位置によって違ってくるということです。

ボラティリティ曲線が形成される理論的な考察は投資家にとってあまり意味を持たないので、研究者にお任せするとします。ただ行使価格によってボラティリティが異なり、同じ程度ＯＴＭの場合は、コールよりプットの方がボラティリティは高くなり、プットにおいては行使価格が低いほどボラティリティが高くなるという特性は頭に入れておいてください。

米国の市場では、相場の上昇局面ではボラティリティが下がり、下降局面ではボラティリティが上がります。米国のＶＩＸ指数*が俗に恐怖指数と呼ばれるのは、弱気相場ではボラティリティが上昇するからです。ところが、日本の場合は必ずしも同じ現象は現れません。日本の市場では、市場参加者の先高期待が極端に強い場合は、米国市場と逆の現象が生じる場合があります。

平成25年の1月から2月にかけてアベノミクスといわれる政策で極端な先高期待が生じ、相場の上昇局面にボラティリティが上昇するという現象が発生しました。次ページの図表2－13に示されているように、同じ程度のＯＴＭのコールとプットのボラティリティがほぼ等しい値となりました。小泉郵政改革をうたった２００５年後半にも同様の現象が生じました。当時はコールを売り建てしていた投資家がさらなる損失を回避するため、売り建玉を損失覚悟で買い戻さざるを得なくなった結果だと推測されます。

当時は市場参加者が有頂天となり、１９８０年代後半のいわゆるバブル期におけるような冷静さを失ったような状況だったと考えられます。株価が上昇を続ければ、いずれ、株価の割安感が薄れ、投資家の株に対する買い意欲も衰え、そうすると、ヘッジニーズが高まり、プットの価格がコールの価格より高くなり始めますが、そこにたどり着くまで長く時間を費やしたということなのでしょう。

＊ＶＩＸ指数とは、米国の代表的な株価指数の一つであるＳ＆Ｐ５００を対象とするオプション価格から算出されたボラティリティを指数化したもの。

図表2-13　極端に先高期待が強い場合のボラティリティ（2013年2月8日）

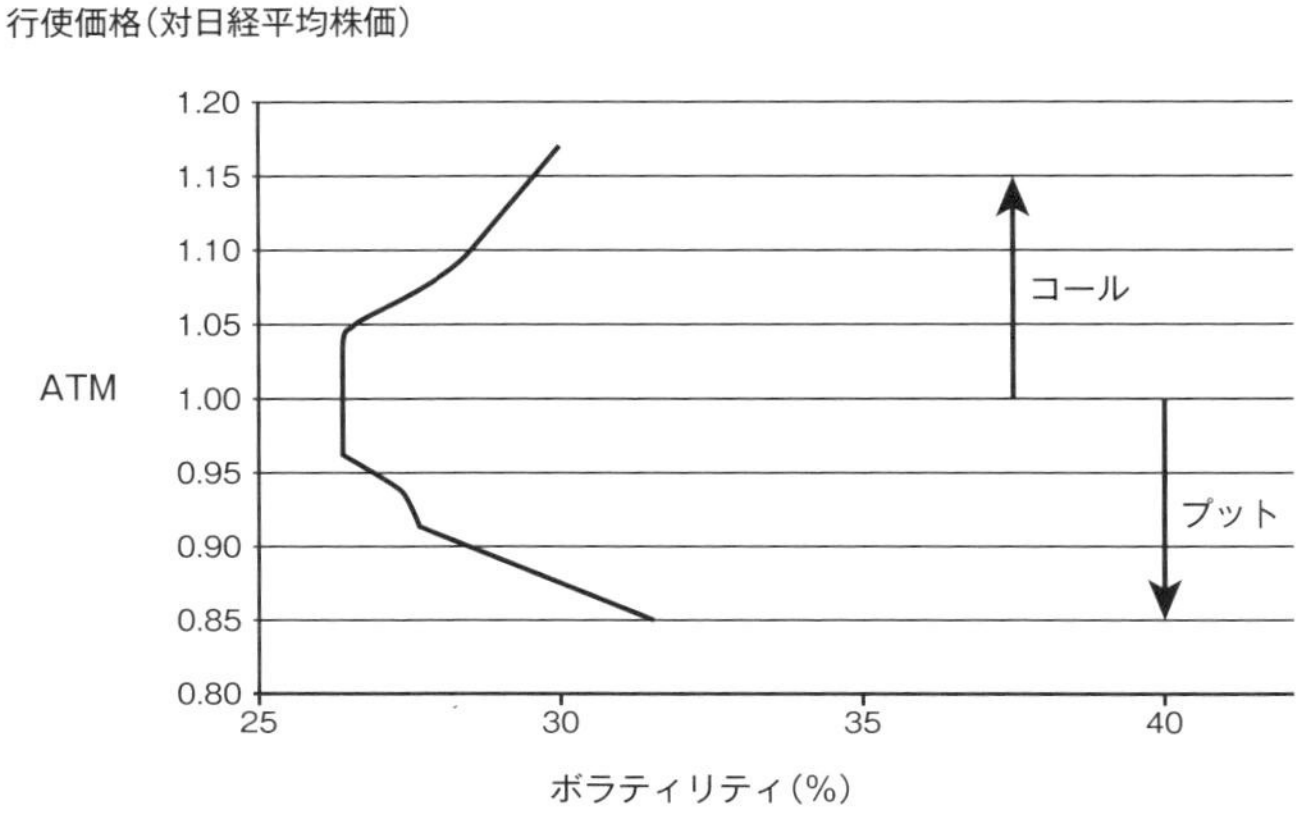

❸ オプションの満期日とＩＶの関係

行使価格が同じオプションの価値は、満期までの期間が長ければ長いほど高くなります。たとえば1カ月以内に日経平均株価が10％上昇する可能性と1年以内に10％上昇する可能性を比較すると、1年以内に10％上昇することの方がよりチャンスが多いため、同じ行使価格のオプションでは、期間1カ月の価格より期間1年の価格の方が高くなります。

一方、同じ行使価格のオプションのボラティリティは、通常オプションの期間が長くなるほど低くなります。通常、金利は期間が長くなればなるほど高くなる傾向があるので、ボラティリティと満期日との関係は、金利とその満期日との関係と逆のイメージだといえます（図表2－14参照）。

❹ ＩＶとアクチュアル・ボラティリティの関係

通常、ＩＶはアクチュアル・ボラティリティより高い水準で推移しています（次ページ図表2－15参照）。これは、ＩＶは将来のアクチュアル・ボラティリティの予想値なので、将来の不確実なものに対する割増金のよ

図表2-14　ボラティリティとオプションの満期日の関係

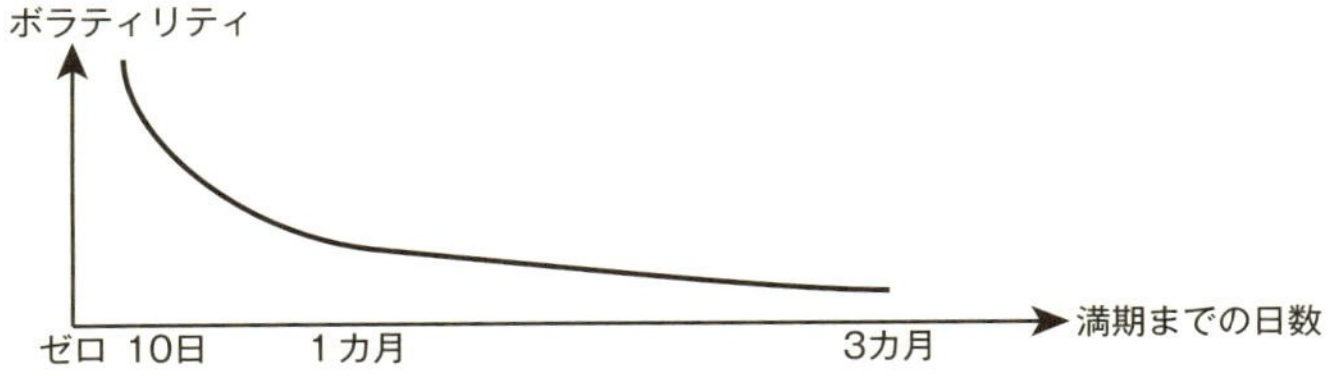

うなものが要求されるからではないかと考えられます。また、オプションを売るということは、ＩＶを売るということになるので、より高いリスクにさらされるオプションの売り方に対する報奨金のようなものともとらえられます。

仮にＩＶが常にアクチュアル・ボラティリティより高いとすると、ＩＶを売り、それが現実のものとなったアクチュアル・ボラティリティで買い戻せば、常に利益が得られるはずです。日経平均株価のＩＶを指数化した日経平均ボラティリティ・インデックスの先物が上場されていますが、残念ながら現在のところ流動性が十分ではなく、このような取引に利用することは難しいといえます。

図表2-15　IVとアクチュアル・ボラティリティの関係（イメージ図）

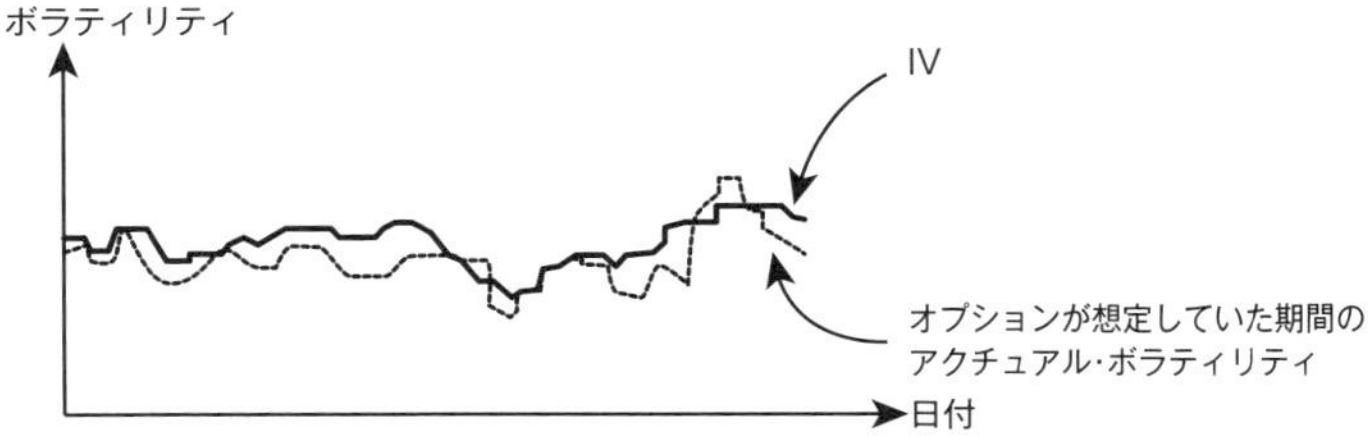

3　知っていると役に立つ4つのリスク

オプションの建玉を持っている場合に、将来どのぐらい儲かるかまたは損をするかを予測するうえで役に立つ情報が、これから解説する4つのリスク（デルタリスク、ベガリスク、セータリスク、ガンマリスク）です。この4つのリスクは通常、証券会社がポジション管理のためのリスク情報として計算してくれています。これから解説する内容は、少なくとも感覚的に理解できるだけでも役立つものです。

図表 2-16　オプションの4つのリスク

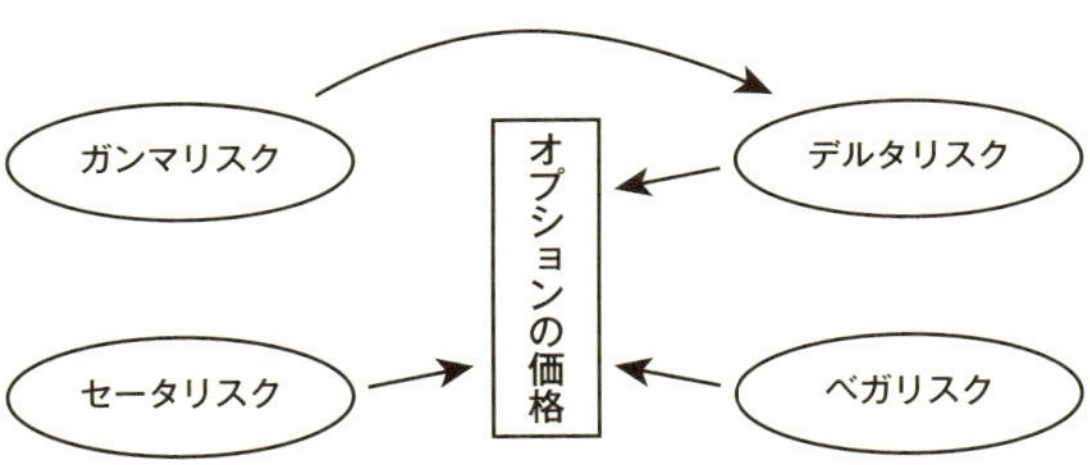

3.1　デルタリスク（Delta risk）

デルタリスクとは、日経平均株価が上がったり下がったりすることによるオプションの価格変

$$\text{デルタ} = \frac{\text{オプション価格の変化額}}{\text{原資産価格の変化額}} \quad (-1 \leqq \text{デルタ} \leqq 1)$$

動リスクです。日経平均株価は絶えず変化しているので、オプションの価格も日経平均株価の変動により、絶えず変化します。それゆえ、デルタリスクは４つのリスクの中で最も注意を払わなければならないリスクといえます。

デルタとは、日経平均株価の変動に対するオプションの価格変動の割合を表します。つまり、日経平均株価に対するオプション価格の感応度といえます。

たとえば、日経平均株価が１００円上がってオプションの価格が50円上がると仮定すると、このオプションのデルタは50％（50円÷１００円）または０・５といいます。日経平均株価が１００円上がってオプションの価格が20円上がると仮定すると、このオプションのデルタは20％（20円÷１００円）または０・２となります。逆に、日経平均株価が１００円下がってオプションの価格が50円上がると仮定すると、このオプションのデルタはマイナス50％（50円÷（－１００円））となり、プラス、マイナス両方向の表示がされます。数学的には、デルタとは上記の算式で表された概念です。

デルタの絶対値は、アット・ザ・マネー（ＡＴＭ）近辺では約50％となり、アウト・オブ・ザ・マネー（ＯＴＭ）になればなるほど、デルタの絶対値は小さくなり、最終的にはゼロに近い値となります（図表２－17参照）。

極端にＯＴＭのオプションのデルタの例として、日経平均株価が1万円のとき、期間1カ月、行使価格５万円（実際には存在しませんが）のコールオプションを考えてみます。１カ月の間に日経平均株価が5倍になるのはありえないので、このオプションの価値は無価値です。イン・ザ・マネーになる可能性のないオプションの期待値はゼロになるからです。日経平均株価が1万１０００円になっても、５万円にはほど遠いので、このコールオプションは無価値であることに変わりはありません。日経平均株価が１０００円上がっても、オプション価格が変化しないので（ゼロのままなので）、このオプションのデルタはゼロとなるわけです。デルタがゼロの場合は、日経平均株価がいくら変化してもオプションの価値は変わらないということです。

今度は、日経平均株価が同じく1万円のとき、期間１カ月、行使価格５０００円のコールオプションを考えてみます。このオプションの本質的価値は５０００円です。日経平均株価が１０００円上がれば、本質的価値は６０００円になるので、

図表 2-17　デルタと ITM、ATM、OTM の関係（コールオプション）

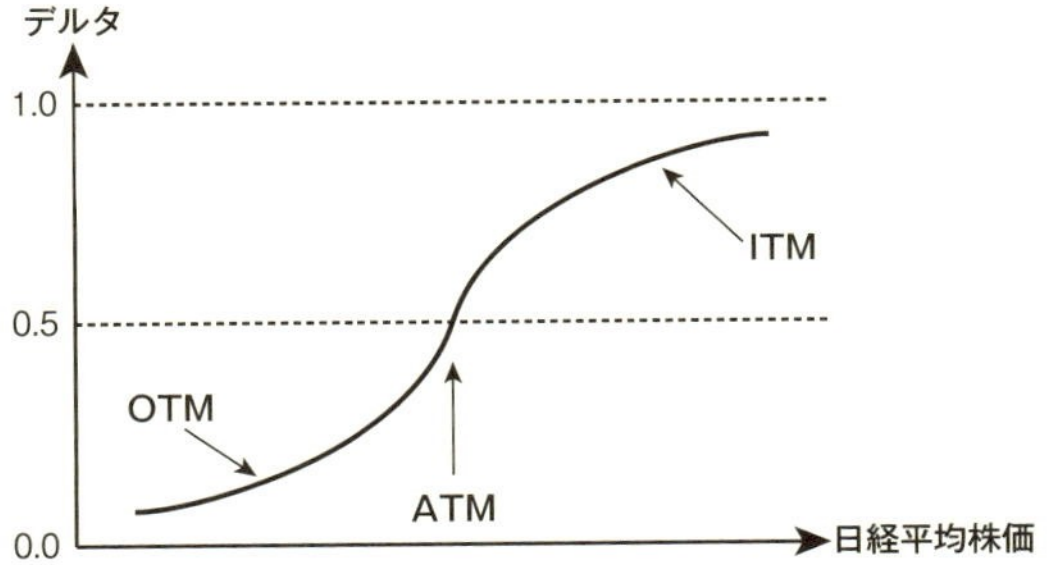

このオプションの価値は１０００円近く上がるはずです。したがって、このオプションのデルタは１に近い数字となります。なぜなら、原資産価格が１０００円上がってオプション価格が１０００円近く上がるので、デルタの定義式からデルタは１に近い値になるからです。
オプションがイン・ザ・マネーになればなるほど、デルタの絶対値は大きくなり、最終的には１に近づきます。デルタ１のオプションは日経平均先物を買い持ちしているのと同じことになります。

デルタの数字自体、日経平均株価が変化することで変わります。図表２－17が示すように、日経平均株価が上がることで、当初アウト・オブ・ザ・マネーであったコールオプションがアット・ザ・マネー近辺になり、さらにイン・ザ・マネーになることもあるわけですから、デルタは当初10％でもやがて50％となり、さらに70％となることもあるわけです。つまり、デルタの数字は原資産価格のある一点での表示であって、原資産価格が変化すれば絶えず変化する数字です。

3.2　ガンマリスク（Gamma risk）

デルタの数字は、日経平均株価のある一点での表示で、日経平均株価が変化すればデルタも変

$$\text{ガンマ} = \frac{\text{デルタの変化}}{\text{原資産価格の変化額}}$$

化することは前述したとおりです。もし、日経平均株価の特定の価格範囲内でのデルタの変化する度合いがわかれば、原資産価格が変動しても、デルタの概算値をより正確に計算することができ、損益の変動をより正確に予測することができます。また、それにより、後述するヘッジを行う場合にもより効果的にすることができます。

ガンマとは、与えられた原資産の価格において、原資産価格が変化することによるデルタの変化する割合のことをいい、ガンマがわかれば日経平均株価の特定の価格範囲内でのデルタの変化をより正確に予測することができます。数学的には、ガンマとは上記の算式で表された概念です。

日経平均株価が行使価格に近づけば近づくほど、つまりＯＴＭからＡＴＭに近づけばデルタの値は大きくなり、デルタの変化するスピードは増してきます。逆にＡＴＭからＩＴＭになれば、デルタは大きくなりますが、デルタの変化するスピードは遅くなります。ガンマの値はＡＴＭで最も大きくなり、ＡＴＭから遠ざかるほど小さくなります。また、同じ行使価格のオプションでは、ガンマの値は満期日までの期間が短いほど大きくなり、満期日が近づくにつれて、ＡＴＭ近辺のガンマは急速に大きくなります。

ガンマリスクというのは少し理解しにくいリスクですが、デルタが変化するスピードが加速されたり減速されたりすることにより、オプションの価値が変化するリスクのことです。感覚的には、ガンマの値がプラスのときは原資産の価格変動を好むというようなポジションが有するリスクです。つまり、原資産の価格変動が大きければ、より儲かるチャンスが増えるということです。逆に、ガンマの値がマイナスのときは原資産の価格変動を嫌うというようなポジションが有するリスクです。つまり、原資産の価格変動が小さければ、より儲かるチャンスが増えるということです。

デルタニュートラル（デルタが中立の状態、つまりデルタがゼロの状態をいいます）のとき、ガンマの値がプラスであれば、原資産の価格が上がっても、下がってもどちらの方向に行っても、ボラティリティが変化しなければ、オプションの価値が増えるポジションだといえます。同じくデルタニュートラルのとき、ガンマの値がマイナスの場合は、原資産の価格が上がっても、下がってもどちらの方向に行っても、ボラティリティが変化しなければ、オプションの価値が減るポジションだといえます。

3.3　ベガリスク（Vega risk）

オプション価格の中に想定されているボラティリティ（ＩＶ）は一定ではないので、このＩＶが変化することによりオプションの価値も変化します。ＩＶの変動によりオプションの価値が変化するリスクをベガリスクといいます。ベガリスクはカッパリスクと呼ばれることもあります。

株価は突然急騰したり、急落したりすることがありますが、ＩＶは突然急騰することはあっても、突然急落することはあまり起こらないので、相場の急変動に対しては、オプションを売り建てしているポジションの方が、オプションを買い建てしているポジションよりベガリスクが高いといえます。なぜなら、オプションを売り建てしている場合において、ボラティリティが急騰すれば、オプション価格が急騰し、評価損が急増するからです。

相場が急落し、投資家の不安心理が高まるとＩＶは急騰します。相場が突然急騰した場合もＩＶは上昇しますが、相場が急落したときのようにＩＶの急騰はあまり見られません。このため、コールを売り建てするのに対し、プットを売り建てする方が、ベガリスクが高いポジションであるといえるでしょう。

3.4　セータリスク（Theta risk）

セータリスクとは、満期までの取引日数が短くなることによるオプションの価格変動リスクのことで、時間の経過によるオプションの価値が減少するリスクのことをいいます。通常1日当たりのオプションの価値の変化を表すものなので、原資産価格が変化しなくて、かつボラティリティが一定の場合にオプションの価値が1日で減少するリスクを表しています。原資産価格およびＩＶの変動があまりないと想定されるときは、オプションの売り建玉を増やすことでセータの値を大きくし、オプションの時間的価値の減少を享受することができます。

図表2－18に示すように、オプションの時間的価値の減少は、オプションの満期が近づくと急激に加速します。また、アット・ザ・マネーに近いほど減少の度合いが大きくなります。

図表2-18　時間とオプションの時間的価値の関係

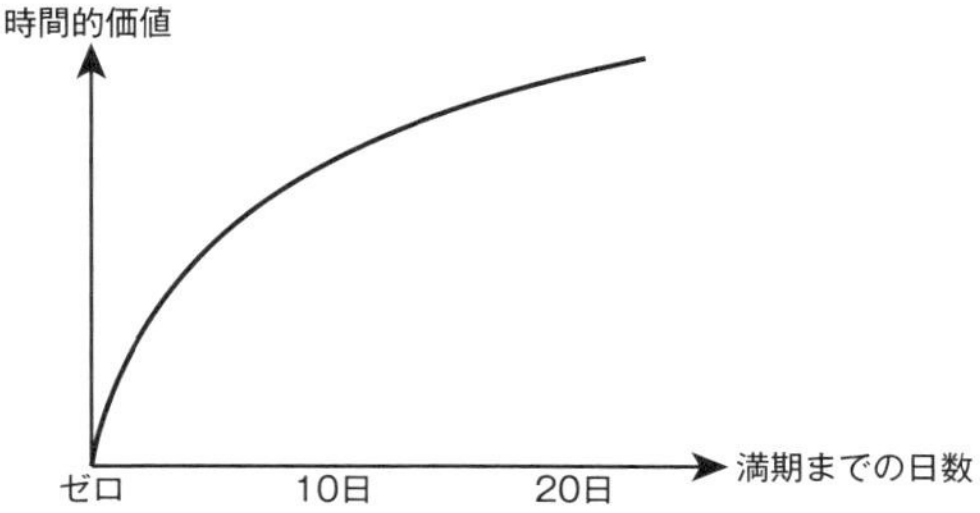

4　プットとコールで先物が合成できる

同じ行使価格のプットの買い（または売り）とコールの売り（または買い）の組み合わせで先物の売り（または買い）と同じポジションを作ることができます。このためプット、コール、先物は常に連動しながら取引されています。先物は現物（原資産のこと）と連動しているので、オプション、先物、現物は独立して変動するのではなくすべて連動していることになります。

理論的には、同じ行使価格のコールとプットおよび原資産との間には、原資産に配当がない場合、次ページのような関係式①が成り立ち、この関係はプットコールパリティと呼ばれます。

現在は金利がゼロに近いので、満期まで期間の短いオプションで

図表2-19　原資産・先物・オプションの関係

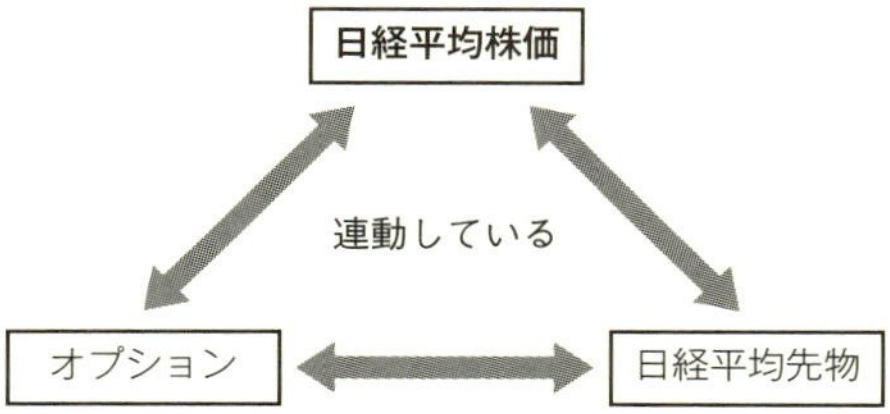

は、行使価格の現在価値に関して次の関係式②が成立します。

　したがって、同じ行使価格のコールとプットおよび原資産との間には下記のような概算式③が成立します。

5　オプション取引はゲームのバリエーションが豊富

　オプション取引は株式投資と違い、相場の状況にかかわらず、儲けるチャンスを与えてくれます。それは、コールオプションまたはプットオプションを売買するだけでも可能ですが、異なった行使価格のオプションの売りと買いを組み合わせたり、プットとコールを組み合わせたり、異なった限月のオプションを組み合わせたりすることで、さまざまなリスク形態のポジションを作ることができます。

　それゆえ、株式や外国為替の取引は、相場の上下変動のみに賭けますが、オプションでは、相場の上下変動のみに賭けることができるだけでなく、

① 原資産の価格 ＝ コール価格－プット価格＋行使価格の現在価値

② $行使価格の現在価値 = \dfrac{行使価格}{1+満期までの金利} \fallingdotseq 行使価格$

③ 原資産の価格 ≒ コール価格 － プット価格 ＋ 行使価格

相場が変動しない場合に儲かる取引や、相場がある範囲内（レンジ）に入っている場合に儲かるポジションも作ることができます。

オプションは他の金融商品よりゲームのバリエーションが豊富で、相場環境や投資家のリスク選好度に応じた取引をすることができるといえます。相場が数カ月間膠着（こうちゃく）状態となっていた場合では、株式投資で儲けるのは容易なことではありませんが、オプション取引では相場が変動しない方が利益を生みやすくする方法があります。オプションの売りポジションがこれに該当します。

また、株式を買った場合は、その株価が上がらなければ儲けることはできず、株価が回復するのを待つ以外に方法はありません。株価は上がったり、下がったりします。また、長期にわたって下降トレンドを形成することもあります。日経平均株価は１９８９年に４万円に接近したのをピークに25年経った今でもその水準を超えていません（厳密には、25年前の日経平均株価と現在の日経平均株価は構成銘柄が大幅に違うため、単純には比較できませんが、現在の日経平均株価は25年前を下回っているといえます）。

投資は単純に儲かればいいものではなく、効率よく儲けなければいい投資とはいえません。効率のいい投資とは、限られた時間内で限られた資金でできるだけ多く儲けることです。10年で

20％の利益をあげるのと1年で20％の利益をあげるのではまったく意味が違います。毎年20％の利益をあげ、資金はすべて再投資を繰り返し、10年間繰り返したと仮定すると、１００万円投資したお金は10年後に６１９万円に膨れ上がります。誰の目にも後者のほうがいい投資だと見えるはずです。限られた期間内で相場がどのように変化しても利益が得られる取引を常に選択肢として持っている方が、投資をするのに優位に立つはずです。オプションの場合、相場が上がってもまた下がっても、いずれの方向に変動しても、利益をあげる方法があります。なんだか、うそのような話ですが、オプション取引ではこのようなポジションを作ることができ、株式取引ではまねのできないことです。

6　オプションの売りは利益を上げやすい

オプションは時間が経てば（他の要因が一定の場合）価値が下がるので、相場の読みを間違えても時間的価値の減少が非時間的価値の増加を補ってくれるので、時間が経てば経つほどオプションの売り手に有利に働く場合が多いといえます。また、オプション価格に想定されている原資産のボラティリティは実際のボラティリティより割高な場合が多いことも、オプションの売り手に優位性があると考えられます。株式取引では（配当による収入を無視すれば）、読みが外れれば、株価が購入価格を上回らなければ、永遠に持ち続けても利益を得ることができません。これに対し、オプションの売り建玉を持っている場合は、相場の読みが多少はずれても、しばらく待てば時間的価値の減少が評価損を穴埋めしてくれる場合があります。

たとえば、日経平均株価が1万円のとき、満期まで３カ月の行使価格８５００円のプットを売った場合、その価値は、ボラティリティが30％とすると約95円と計算されます。その後日経平均株価が下落し、２カ月後に９５００円になったとします。プットですので、日経平均株価が下がれば非時間的価値は上昇しますが、同じボラティリティを使って計算すると、プットの価値は約30円となります。２カ月後の相場は予想と反対方向に行ってしまっても、プットオプションを30円で買い戻すことができ、65円の利益を得ることができます。原資産の変動が急激ではない場合は、この例のような取引が可能となることが多いといえます。

また、確率的に考えた場合、たとえば原資産の現在値から１σ離れた水準に近い行使価格のオプションを売るということは、約84％の勝率が期待できるので（図表３－８参照）、損失が発生する可能性がある場合の対処の仕方さえ間違っていなければ、継続的に利益をあげることも不可能ではないといえるでしょう。

7　オプションの買いで継続的に儲けるのは難しい

オプションを買い建てして利益を上げるには、相場が動く方向を的確に当てなければ難しいといえます。たとえば、相場が上がると思ってコールオプションを買った後、予想に反して相場が下がってしまえば、利益を得ることができません。翌日以降に相場が反転するのを期待して、買い建玉を翌日以降に持ち越したとすると、時間的価値の減少があるので、日経平均株価がオプションを買ったときの水準まで戻っても、オプションの価値はボラティリティの上昇がなければ買ったときの価格まで戻りません。日数が過ぎればすぎるほど時間的価値の減少が大きくなるので、その時間的価値の減少を穴埋めするための相場のさらなる上昇がなければ儲けることができません。このように、オプションの買い手は日数が経てば経つほど不利な戦いを余儀なくされます。

また、オプションを買うということは、ＩＶを買うということになるので、ＩＶがアクチュアル・ボラティリティより高い水準で推移している限り、オプションの買い手に優位性が見いだせないともいえます。

オプションの買い手は相場の急変動やボラティリティの急上昇には優位に立ち、たまには大儲けすることがありますが、大方の場合不利な戦いを余儀なくされているといわざるを得ません。

──(3)「オプションの特性」まとめ──

- オプション価格の決定要因は原資産の価格、ボラティリティ、満期までの日数、金利、配当である。その中で、原資産の価格の影響が最も大きい。
- ボラティリティの特性を理解しなければ投資効率を上げることができないので、理解するのが得策。
- オプションのことを論ずる場合はボラティリティとインプライド・ボラティリティ（ＩＶ）は同義的に使われる場合が多い。
- ボラティリティは急騰することはあるが急落することはまずない
- 同じ程度ＯＴＭのオプションのボラティリティは、コールよりプットの方が高くなり、プットにおいては行使価格が低いほどボラティリティが高くなる。

●同じ行使価格のオプションのボラティリティは、通常オプションの期間が長くなるほど低くなる。
●IVは、アクチュアル・ボラティリティより高い水準で推移している場合が多い。
●オプションの建玉を持っている場合に、将来どれぐらい儲かるかどうかを予測する上で役に立つ情報に、デルタリスク、ベガリスク、セータリスクおよびガンマリスクという4つのリスクがある。
●4つのリスクとはどういうものか理解すること。
●プットとコールで先物が合成でき、この関係をプット・コール・パリティという。

PART 3

オプション取引を実践するために

オプション投資戦術〈早見表〉

オプション取引の実践に関する解説に入る前に、ケース別の投資戦術をまとめておきましょう。

ここで紹介したものはあくまで模範的な取引であり、実際に取引を実行する場合には、ボラティリティの動向や予想される相場変動を考慮するとともに、取引を実行するタイミングも重要となるので、それらを総合的に判断して行う必要があります。

図表3-1　ケース別のオプション投資戦術＜早見表＞

建玉／相場	建玉を当日中に反対売買する場合	建玉を翌日以降に持ち越す場合
強気相場（上昇基調）	◎コール買い ○プット売り	◎プット売り △コール買い
弱気相場（下落基調）	◎コール売り ○プット買い	◎コール売り △プット買い （ATM 近辺の１カ月オプションの IV がおおむね 30% 以上の場合は何もしない方が無難）
どちらでもない わからない	◎何もしない ○プット売り △コール売り	◎プット売り ◎プットおよびコールの両方売り ○コール売り

注：◎　最も推奨される
　　○　推奨される
　　△　推奨されるが市場動向により注意して行う

（1）オプション取引の基本原則

❶オプション取引では、ルールの理解が重要

オプション取引は株式や外国為替の取引と「ゲーム」の特徴とルールがかなり違います。そのため、オプション取引で儲けるには、オプションの特性と「ゲーム」のルールをある程度理解する必要があります。ルールを理解しないで取引を始めた場合、ひどい目に遭うことがあるので、できるだけルールの理解に心がけてください。

とりわけオプションの売りポジションを持つ場合は、買いポジションに比べて格段にリスクも高くなるので、ルールを理解しないで取引を始めることは絶対に避けるべきです。

❷未経験者は模擬取引を行った後に実践する

オプション取引の未経験者は実際に取引を始める前に、コールオプションおよびプットオプションの模擬取引を何度か行うことをお勧めします。模擬取引とは、計算上の仮想の取引ですが、実際の価格に基づいて取引したと仮定して行います。実際の取引価格は、証券会社が提供するオプション価格を使用するのが望ましいのですが、それが入手できない投資家は日本経済新聞等に掲載されている価格を使います。

何回か模擬取引を繰り返し、オプションの価格変動と原資産である日経平均株価の価格変動の関係を理解するよう努めてください。模擬取引で自信がついた段階ではじめて実際の取引を行うようにすることをお勧めします。

❸資金は常に余裕をもって取引する

オプションの売り建玉に対する証拠金率は、相場の急変で急騰する場合があります。証拠金率は証券会社が独自に変更することができるので、想定外の出来事があった場合、予想外の証拠金を要求されることがあります。このようなときに備えるため、オプションの売りポジションを持つ場合は常に資金に余裕をもって取引すべきです。投資資金の3分の1程度は準備金として取引口座の中にプールしておくことをお勧めします。

❹オプション取引でも相場観をもって取引する

オプション取引では、時間的価値の減少があるので、売り建玉を持っている場合は、相場観がはずれ、市場の動きが予想と反対方向に行ってしまっても、時間がある程度解決してくれます。ただ、オプション価格を左右する最大の要因は原資産価格であるため、オプション取引においても、常に相場観を持って将来を予測しながら取引することで儲けるチャンスが高まります。

特に重要なのは、原資産が変動する方向（上がるか下がるか）と想定する期間内での原資産価格のレンジ（価格の範囲）を頭に描いて取引することです。日経平均株価の予想がはずれても、日経平均株価が想定しているレンジ内に収まっていれば、オプション投資では利益を上げることも可能となるので、特に想定レンジは重要です。

❺オプション取引は経済カレンダーを頭に入れて取引する

金融市場は、重要な経済指標（たとえば、米国の雇用統計やＧＤＰ）や重要なイベント（たとえば、米国のＦＯＭＣ＝連邦市場公開委員会、日銀の政策決定会合のようなもの）に反応して大きく変動する場合があります。市場のそのときどきの心理状況により、市場が注目する内容やその注目度は変わります。たとえば、米国の雇用統計に対して、市場が大きく注目する場合もありますが、ほとんど注目しない場合もあります。ＦＯＭＣのような重要なイベントについても同様です。大切なことは、市場が注目している、または注目するであろうと考えられる経済指標やイベントのスケジュールを頭に入れてオプションのポジションを管理しなければならないということです。

　オプションにはオプション特有の時間的価値というのがあるので、オプション取引は重要な経済指標の発表や重要イベントまでの時間との闘いといえます。というのは、イベント後に原資産価格が大きく変動し、オプション価格が原資産価格より激しく変動する場合がある一方、原資産価格がほとんど動かず、ＩＶが急低下してオプション価格が急落することもあるからです。オプションの価格の中に反映されているボラティリティは、重要イベント前に上昇する傾向があります。それは、重要イベント後に原資産価格が変動することを見込んでいるからです。イベントが予想通りであれば、原資産価格はイベントに反応せず、ＩＶは確実に下がります。このようなとき、オプションを売り持ちしていれば儲けることができますが、オプションを買い持ちしていれば損をします。

一方、イベントの結果が予想外であれば、原資産価格はイベント後にほぼ間違いなく変動しますが、ＩＶは上昇する場合もあり、下落する場合もあります。オプション価格は原資産価格の変動に大きく左右されることになります。

イベント後の動きを予想することは、サイコロの目を予想するのと同じようなことなので、イベントにかける投資戦術は、運が良くなければ成功するとはいえないでしょう。

したがって、オプション取引を行うには、他の金融商品の取引を行うとき以上に経済カレンダーを頭に入れてポジションを持つ必要があります。それも知らずに、やみくもにポジションを作れば、重要な経済指標の発表と同時に市場が急変し、大きく損失を膨らませる結果になりかねない場合があります。

重要な経済指標の発表や重要イベント前後で、原資産価格およびボラティリティがどのように変動し、それらがオプション価格にどのように影響するのか、知識を高め経験を積む必要があります。

市場のグローバル化により、日経平均株価も海外の経済指標やイベントに大きく影響を受け、世界各国の重要イベントに同時並行的に反応するので、海外の経済指標やイベント等に対する理解がオプション取引の成否を左右する大きな鍵となります。

(2) オプション取引の実践

1　基本戦術

1.1　取引の作戦を決める

日経平均株価の予想レンジを定め、市場心理やＩＶの動向を考慮に入れ、この章の冒頭のオプション投資戦術早見表を参考にして、読者自身の相場観、リスク嗜好に合わせて、どういう作戦でどういう取引を進めるかを決めます。具体的には、まずデイトレード（建玉を当日中に反対売買する取引形態）を行うかあるいは、建玉を翌日以降に持ち越すかどうかを決めます。これは、デイトレードを行う場合と、建玉を翌日以降に持ち越す場合とでは、作戦が違ってくるからです。次に、オプションの種類、売買の別、行使価格、および限月を決めます。これらが決まれば、ヘッジを行うかどうかを決定します。

これら一連の意思決定のフローを図表3－2に示します。

1.2　デイトレードによるオプションの基本戦術

1日という限られた時間内では、オプション価格を左右する最大の決定要素は原資産価格であるから、日経平均株価の動きを的確に予想できなければオプションのデイトレードで利益をあげることは難しいといえます。また、日経平均株価の動き以外にも、ボラティリティの動向に目を光らせておく必要があります。

図表 3-2　オプション投資作戦決定のフロー

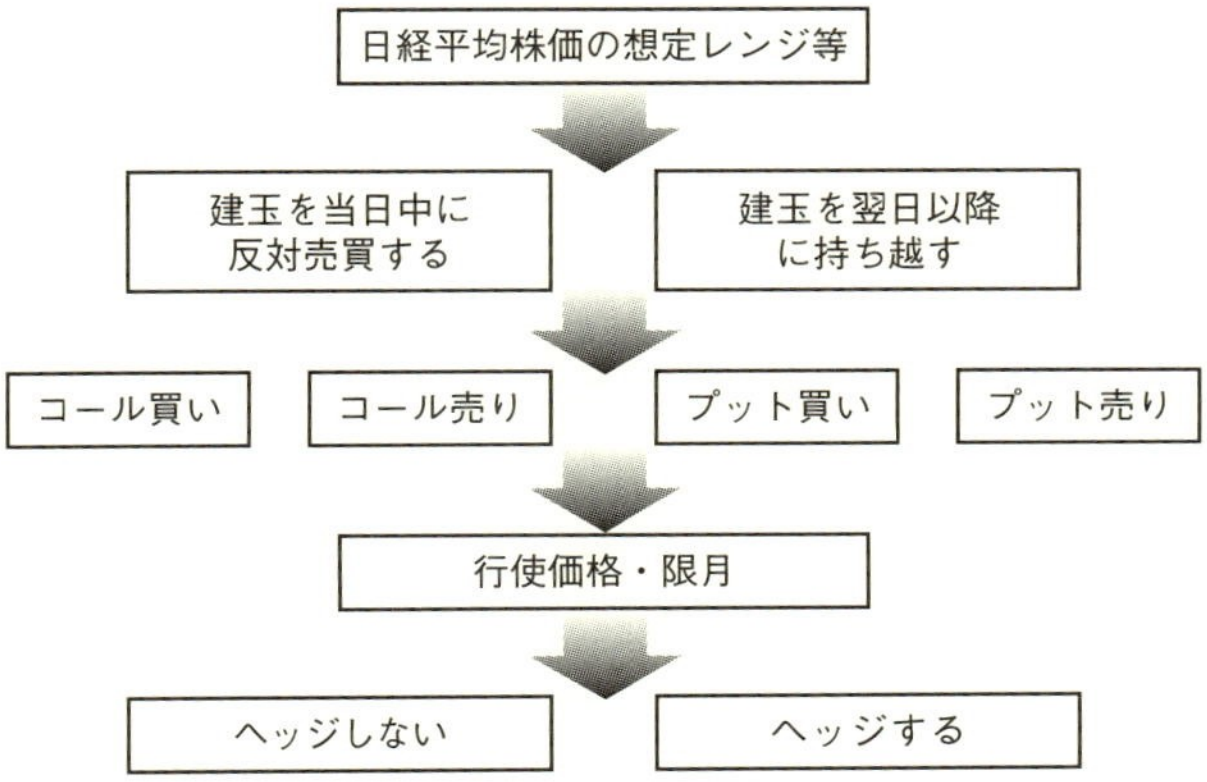

ボラティリティは、日経平均株価がギャップアップ*、またはギャップダウン*した場合や、取引時間中に重要な経済指標・政策の発表等がある場合、あるいは金曜日（または週の最終取引日）には、1日の間でも10％程度変動することがあります。このようなことがなければ、原資産価格の行方のみを的確に予想できれば、利益に結びつけることができます。

いま、日経平均株価を1万円、満期日までの期間が20日、行使価格1万500円のコールオプションがIV20％で取引されていると仮定します。同日中に日経平均株価が1％上下した場合において、ボラティリティが変化しないときと、ボラティリティが10％上下したときのオプション価値の変化率を図表3－3に示します。この例では、日経平均株価が1％上昇すれば、IVが10％下落しても利益を得ることができますが、日経平均株価が1％下落すれば、たとえIVが10％上昇しても利益に結びつけることはできません。

この例のように通常の場合、原資産である日経平均株価が動く方向を的確に予想し、それに対応したオプション取引ができなければデイトレードで利益を上げるのは難しいといえるでしょう。

図表3-3　コールオプション価格の変化率

IV ＼ 日経平均株価	1％上昇	変化なし	1％下落
10％上昇	84％	31％	−10％
変化なし	48％	−	−34％
10％下落	13％	−28％	−56％

短期的に日経平均株価が上がるか下がるかの確率がそれぞれ50％とすると、オプションのデイトレードは確率的に不利な戦いを行っていることになり、継続的に行えば、資産を増やすことは極めて難しいといわざるを得ません。したがって、オプションのデイトレードは、日経平均株価の予想に自信がある場合に行い、自信がなければ次の機会を待つことを選択することが勝率を高めるポイントになるでしょう。また、日経平均株価が予想通りに動かなかった場合は早めに損切りを行わなければ勝率を高めることはできないともいえるでしょう。

＊ギャップアップまたはギャップダウンとは、一般的に前日に取引されている価格帯から乖離した価格で当日の取引が開始される場合において、ギャップアップとは相場が上昇することで、ギャップダウンとは相場が下落すること（図表3－4参照）。

オプションのデイトレードを行う場合、ボラティリティ

図表 3-4　株価の動き

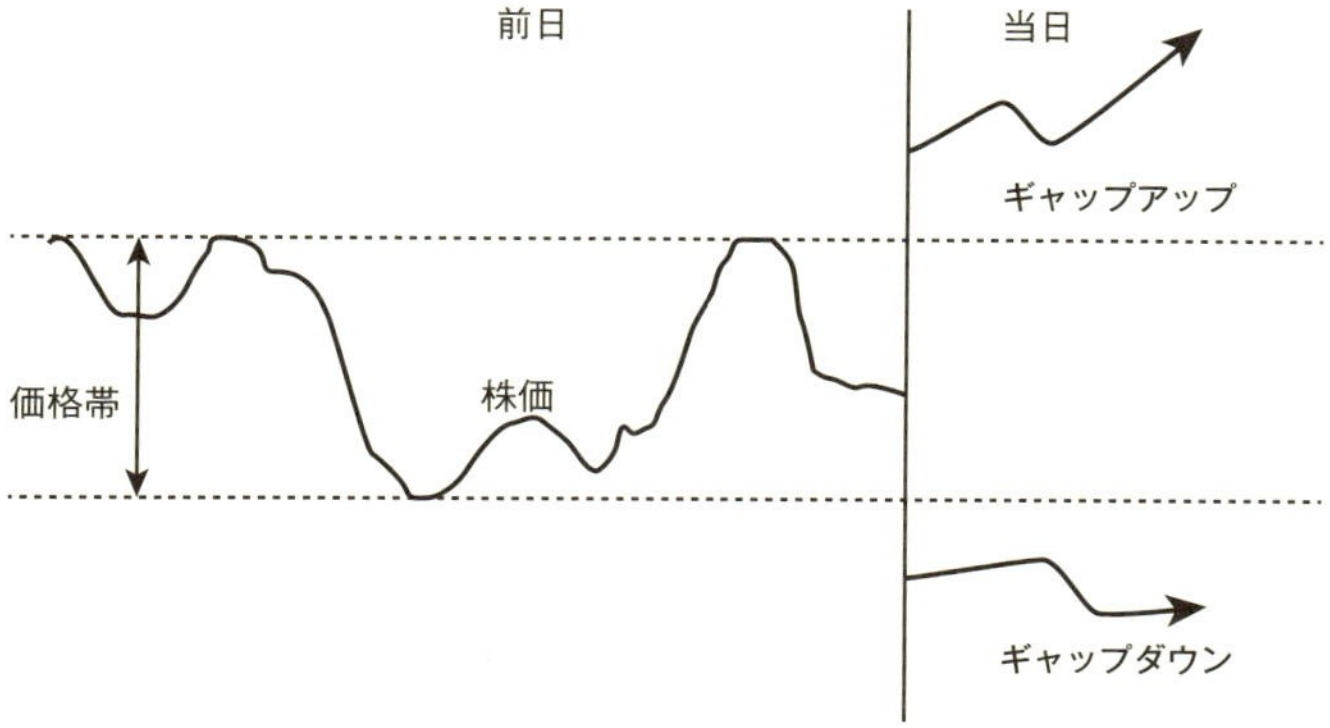

曲線の特性を利用すれば、投資効率を上げることができます。

ここでボラティリティ曲線の読み方について、図表３－５を使って簡単に解説します。今、日経平均株価の現在値が１万円で、行使価格１万円、９７５０円、９５００円のプットのボラティリティがそれぞれ23%、25%、28%だったとします。日経平均株価が２５０円上昇し、１万２５０円になったとき、行使価格９７５０円のプットのボラティリティ（点Ａに相当する値）は25%から28%（点Ｂに相当する値）に移動します。

これは、日経平均株価が２５０円上昇することで、当初２５０円アウト・オブ・ザ・マネーであった行使価格が、５００円アウト・オブ・ザ・マネーとなるので、Ｂ点のボラティリティに移動するからです。逆に、日経平均株価が２５０円下落すれば、行使価格９７５０円のプット

図表3-5　ボラティリティ曲線の読み方

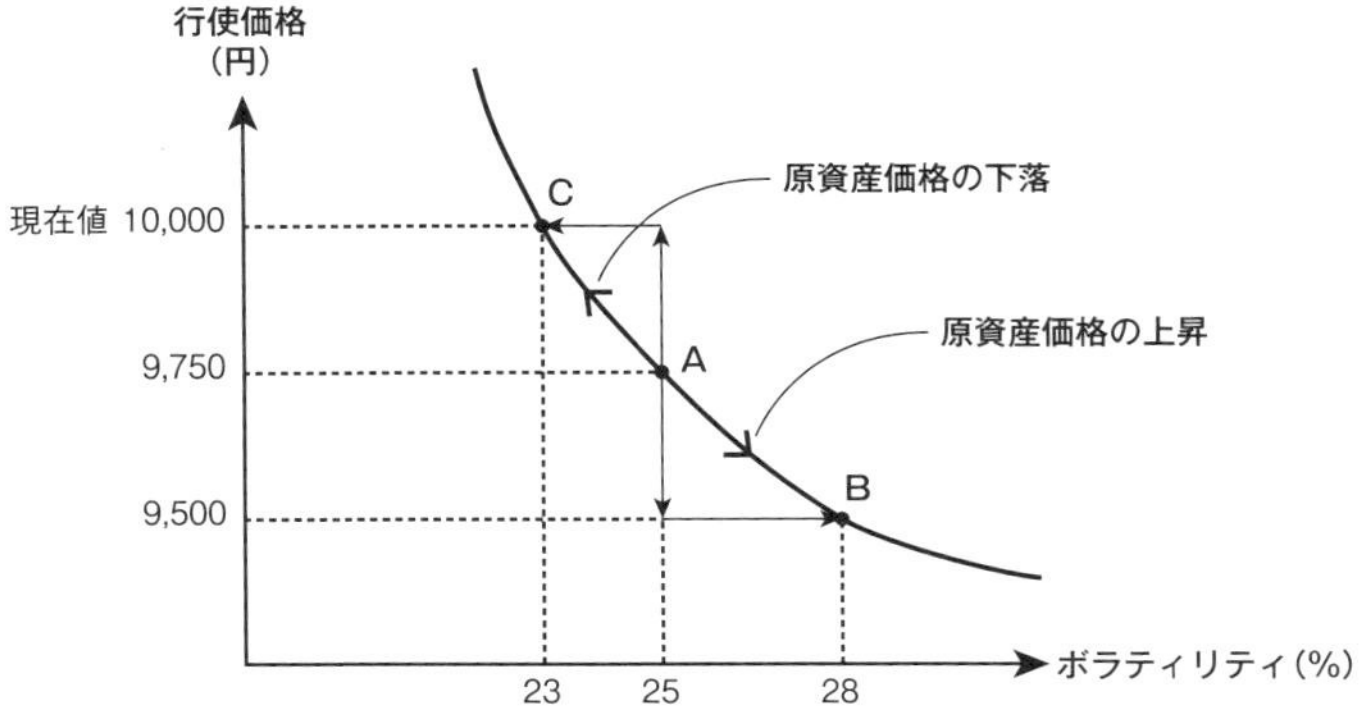

のボラティリティは、C点のボラティリティである23％に下落します。

つまり、プットの場合は日経平均株価の上昇に対してはボラティリティ曲線を日経平均株価の上昇分だけ下に移動した水準に相当するボラティリティとなり、日経平均株価の下落に対しては逆の動きとなります。

OTMプットのボラティリティは行使価格に対する原資産価格の位置によって違ってくるということです（図表2－12参照）。この特性から、プットオプションについて図表3－6に示すようなことが導かれます。

一方、通常の市場環境では、OTMコールのボラティリティは行使価格に対する原資産価格の位置にあまり影響を受けません。

これらの特性により、デイトレードを行う場合は、プットオプションの売買の方がコールオプションの売買より

図表3-6　プットオプションの価格メカニズム

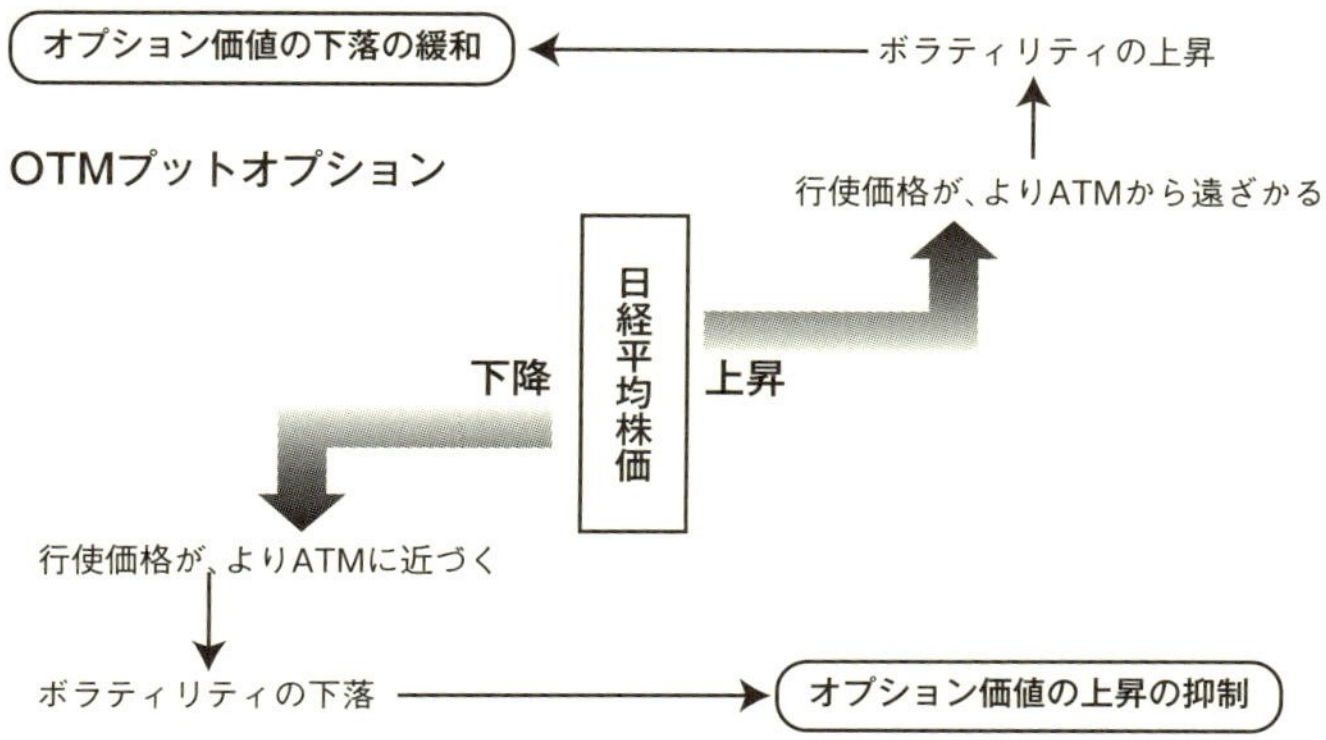

リスクは低く、リターンも低いことが予想されます。デイトレードで、より高いリターンを求めるのであれば、相場の上昇にかける場合は、「プットオプションの売り」ではなく「コールオプションの買い」戦術、相場の下落にかける場合は、「プットオプションの買い」ではなく「コールオプションの売り」戦術といえるでしょう。

注意しなければいけない点は、ボラティリティはそのときの市場の心理状況によって必ずしも、前述したような動きをしないこともあるということです。下値不安がない場合は、プットオプションのボラティリティと日経平均株価の変動については、図表3－6の関係が成り立つことが予想されますが、下値不安がある場合は、原資産価格が上昇すればボラティリティが下がり、原資産価格が下落すればボラティリティが上がる傾向があります。そうなると、図表3－6の関係が成り立たなくなるので、そのときどきの状況をよく把握することが必要です。

1.3　オプションの建玉を翌日以降に持ち越す場合の基本戦術

❶オプションを売り建てる場合

オプションの売りにおいても、相場の予想は重要となりますが、相場の読みが多少はずれても、時間の経過とともにオプションの評価損が利益に変わることもあるので、オプションの売りは確率的に有利な戦いを進めることができるといえるでしょう。ただし下値不安が強い場合や相場が荒れているときは、ボラティリティが急上昇する場合もあるので、そのようなときを避けて行うことが、勝率を高めるポイントです。

オプションを売り建て、その建玉を翌日以降に持ち越す場合、予想に反して相場が反対方向に行ってしまったとき、思わぬ損失を被るリスクがあります。このような場合にそなえて、オプションを売り建てた場合、あらかじめ耐えられる程度の損失額にリスクを限定するポジションにしておくのが安全策といえます。

オプションを1枚売り建てたときに、さらにアウト・オブ・ザ・マネーのオプションを1枚買い建てれば、最大損失は売り建てたオプションの行使価格と買建てたオプションの行使価格の差になります。

この組み合わせ（スプレッド取引といい、コールスプレッドおよびプットスプレッドがある）は、仮に損失が発生することになってしまっても、

図表3-7　スプレッド取引

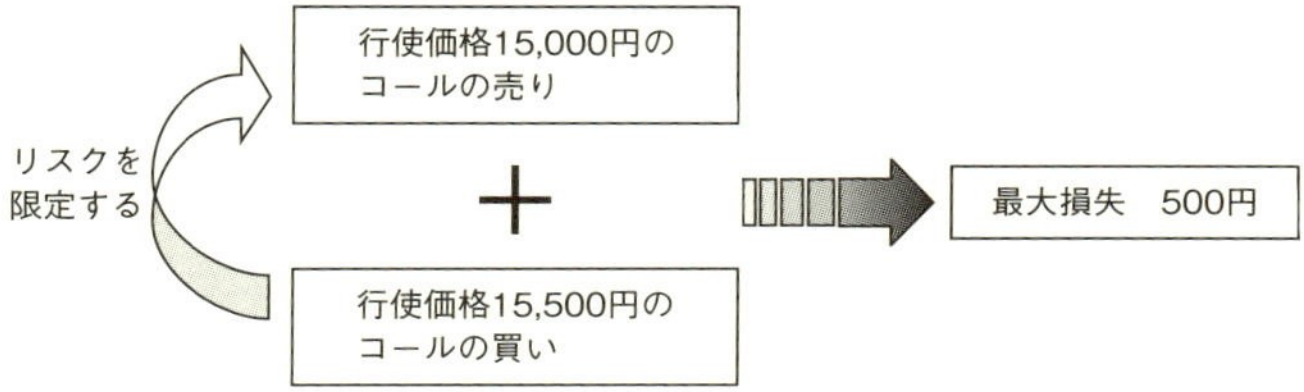

損失が限定できる上、必要証拠金もおさえることができます。ただし、オプションを売り建てる取引のみの場合より利益が抑えられた形になるので、投資家のリスク許容量に応じて買い建てるオプションの行使価格を決め、リスクとリターンの調整をすることをお勧めします（図表3－7参照）。

オプションを売り建て、その日のうちに建玉を反対売買するのであれば、このようなスプレッド取引はあえて行う必要はありませんが、個人投資家は金融機関等のプロの投資家と違い、限られた資金で投資を行っているので、証拠金の必要額をできるだけ抑えるポジションを作って、投資するのがより効率的で安全なやり方だと考えられます。特にプットオプションを売り建てし、その建玉を翌日以降に持ち越す場合は、スプレッド取引を強くお勧めします。なぜなら、相場は何の前触れもなく、大地震、テロ、隕石の落下等により大惨事が発生し、その結果突然暴落することがあるからです。

一方、相場は踏み上げ*により急騰することはありますが、何の前触れもなく突然暴騰することはあまり考えられないので、コールオプションの売り建ては、プットオプションの売り建てよりリスクは少ないと考えられます。

いずれにしても、損失を投資資金で賄えるよう損失を限定するオプションの買い持ちと組み合わせて取引した方が無難といえます。油断は禁物です。相場が堅調なときほど気が緩むものです。そんなときほど相場が急変した場合、痛手は大きくなりがちです。

異なった行使価格のオプションの売りと買いを行うタイミングは同時に実行できる「寄り付き」または、「引け」で行うと執行リスクを排除することができます。指値で異なった行使価格のオプションの売り注文と買い注文を入れていた場合、相場が急に変動したとき、一方の取引のみ約定され、もう一方の指値は約定されないどころか、ますます指値が取引値から離れ約定されにくくなる場合がよく散見されます。四六時中相場をウオッチできない場合や流動性が悪い夜間取引では、このような指値による取引は避けた方が無難です。一方の注文が約定した場合、他方の注文も約定できるようなシステムがあればそういったものを利用するのも一つの方法といえるでしょう。

＊踏み上げとは、信用取引や先物取引等で空売りをしている投資家が、パニック的に損失覚悟で買い戻しを行うことにより株価が急騰する状態をいう。

❷時間的価値の減少を狙ってオプションを売り建てる場合の基本戦術

時間的価値の減少を狙ってオプションを売り建てる場合は、セータの値が比較的大きいオプション、つまり直近限月のオプションで、行使価格はイン・ザ・マネーになりそうにないレベルでATMに近いものを選択するのが最良の戦術といえます。また、同じ程度OTMのコールオプションとプットオプションでは、コールオプションよりプットオプションの方がセータの値が大きいので、セータリスクの観点からは、日経平均株価の変動が小さければプット売りの方が、コール売りより高いリターンが見込めるといえるでしょう。ただし、オプション価格が20円以下のオプションの売り建て（特にプットオプション）はリスクの割に投資効率があまりよくないといえます。また、イン・ザ・マネーになる可能性が低いと思って10円未満のオプション（特にプット）を大量に売り建てるのは投資効率が悪いばかりでなく、想定外のことが起こって思わぬ損失を被るおそれがあるのでご法度といえます。

アット・ザ・マネーに近いオプションは、大きな時間的価値の減少が期待できる反面、オプションがイン・ザ・マネーになってしまい、大きな損失を被るおそれもあるので、リスクは高いといえます。

オプションを売り建てた後、利益を確定するタイミングは、オプション価格が30円～20円程度になったときに行うことをお勧めします。これは、オプション価格が30円以下になると、オプションの時間的価値の減少があまり期待できないうえ、デルタが小さくなって原資産の価格変動に対して感応度が下がり、投資効率が落ちるからです。満期までオプションの建玉を持ちオプション価値がゼロとなるのを目指すより、オプションの時間的価値の減少が小さくなる30円以下になったところで、利益確定のチャンスをうかがい、新たに次の投資チャンスを模索した方が投資効率が上がります。

❸ 確率的に行使価格を決定する方法

売り建てするオプションの行使価格を決める際には、感覚的に決めるより、確率をもとにして決めるべきです。ここでは、満期日までの取引日数が20日間のオプションで、日経平均株価の現在値から1σ離れた行使価格のオプションを売る戦術を考えてみましょう。日経平均株価を1万5000円、ボラティリティを25%と仮定して計算した例を下記に示します。

PART1(2)4「日次変化率、週次変化率、月次変化率とボラティリティの関係」で解説した算式を使えば、1σの値が求

例:日経平均株価の現在値:　15,000円
　ボラティリティ:　25%
　オプションの満期日までの取引日数:　20日

$1\sigma = 15{,}000 \times 25\% \div \sqrt{(250 \div 20)} \fallingdotseq 1{,}060$

15,000+1,060=16,060(コール)

15.000−1,060=13,940(プット)

められます（前ページの例参照）。また、日経平均株価の動きは図表3－8に示すような分布に従うと考えられるので、1σ以下の面積は全体の約84％となり、日経平均株価の現在値から1σ離れた行使価格のオプションを売れば、満期日にそのオプションが無価値となる確率はおおよそ84％となることが導かれます。このように、ボラティリティを使って満期までの原資産価格の予想レンジと確率を天秤にかけ、十分に勝てると確信できる行使価格を決定すれば高い確率で利益が期待できます。

この例では、コールにおいては行使価格1万6000円、プットにおいては行使価格1万4000円となります。より高い勝率を求めるのであれば、コールにおいては行使価格1万6000円以上、プットにおいては行使価格1万4000円以下に設定すればよいということになります。行使価格を決定する際、読者のリスク選好度と計算により得られた行使価格でのオプション価格を吟味する必要があります。前項で解説したように、オプション価格があまり低い行使価格では売るに値しないからです。

図表3-8　満期日での日経平均株価の分布

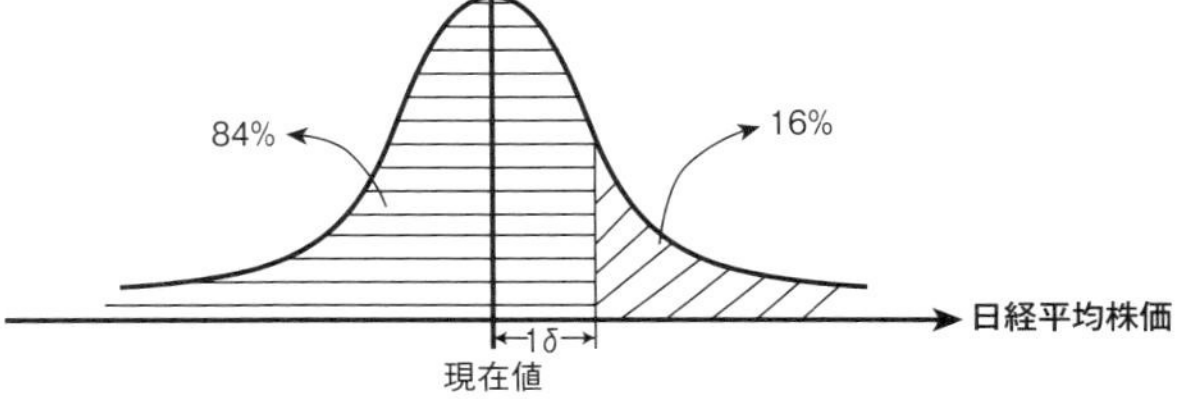

❹オプションを買い建てる場合

オプションの買いは相場が予想通りに動いた場合には儲けることができますが、予想がはずれれば、時間との闘いとなるうえ、確率的にも儲けることが難しくなってきます。また、ボラティリティの低下はオプションの買い手に不利に働くので、ボラティリティを左右する市場心理や時間帯、曜日等にも注意を払って取引しなければ儲ける確率を高めることができないといえるでしょう。

オプションを買い建てる場合、予想に反して相場が反対方向に行ってしまったとき、その建玉を翌日以降に持ち越しすれば、オプションの時間的価値の減少があるので、ますます儲けるチャンスが遠のきます。このような時間的価値の減少を抑えるためには、オプションを買い建てるとき、さらにアウト・オブ・ザ・マネーのオプションを同時に売り建てる戦術が有効となります。

オプションを1枚買い建てたときに、さらにアウト・オブ・ザ・マネーのオプションを1枚売り建てれば、最大利益は買い建てたオプションの

図表3-9　スプレッド取引

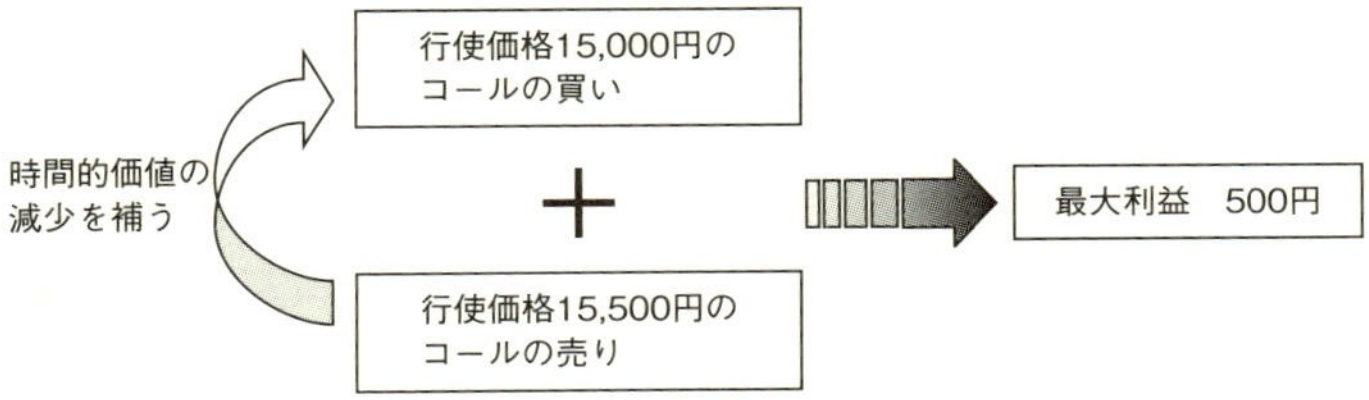

行使価格と売り建てたオプションの行使価格の差に限定されますが、買い建てたオプションの時間的価値の減少を、売り建てたオプションの時間的価値の減少である程度補ってくれます。

オプションの買い戦術は、売り戦術と違い時間の経過とともに不利な戦いになるので、早めに利益を確定するのが安全策といえるでしょう。

レバレッジ効果をより高めるためには、アウト・オブ・ザ・マネーのオプションを投資対象とすべきですが、オプション価格が20円以下のオプションでは、デルタが小さいので、よほどの原資産価格の変動がなければあまり儲けることはできないといえます。一種の保険と思って買い建てることにはそれなりの合理性があるでしょう。

2　リスクヘッジ

2.1　リスクヘッジ

リスクヘッジとは、リスクを打ち消すために行う取引のことで、リスクヘッジを行うことにより、外的要因（たとえば原資産の価格）の変化があっても、ポジション全体の損益の変動を小さくすることができます。オプションの４つのリスクの中で、最も注意を払わなければならないリスクはデルタリスクであるため、デルタリスクを打ち消すために行う取引が最も重要でかつ最も有効なリスクヘッジといえます。デルタヘッジとは、たとえば、コールオプションを売ったときにデルタがマイナスとなるので、そのデルタ分に相当する日経平均先物（または日経２２５ミニでオプションと同じ限月のもの、ここでは総称して先物とします）を買う取引です。プットオプションを売った場合には、デルタがプラスになるので、そのデルタ分に相当する先物を売る取引です。このようなデルタを中立にするヘッジのことをデルタ・ニュートラル・ヘッジといい、リスクヘッジ手段として最も有効な取引です。

　デルタヘッジは、日経平均株価の変動から受けるオプションの価格変動を打ち消すために行う取引です。コールオプションを売り建てただけでは、日経平均株価が予想に反して上昇すれば、オプション価格が上昇し、将来売り建てた価格より高い価格でオプションの買い戻しを強いられ、大きな損失を被ることがあります。このようなことを極力避けるために、コールオプションを売った場合に先物を買い建てます。そうすると、オプション価格は上昇しますが、日経平均先物の価格も上昇するので、オプションでの評価損を日経平均先物での評価益で相殺することが可能となります。

デルタヘッジは、オプションの売り建玉がある場合、オプションの時間的価値の減少を享受するための有効な手段となりえます。それはデルタヘッジにより、原資産の価格変動からうけるオプションの損益変動が排除でき、原資産価格の変動を気にすることなく、日が経過するたびに日銭が稼げるからです。

ポジション全体のデルタをヘッジすることで、原資産価格が予想に反した方向に動いた場合、ポジション全体の損失（評価損を含む）を小さくすることができます。また、ポジション全体の損益変動を小さくすることができるので、証拠金を減らすこともできます。

デルタを中立にしたポジションは、原資産の価格変動が小さい間は有効ですが、原資産価格が一定水準以上変動した場合は、ヘッジでの損益でオプションの損益をカバーしきれなくなるので、リバランスというヘッジのポジション調整が必要となります。たとえデルタをゼロに合わせても、日経平均株価が大きく変動した場合には、合わせたはずのデル

図表3-10　デルタヘッジ（コールを売った場合）

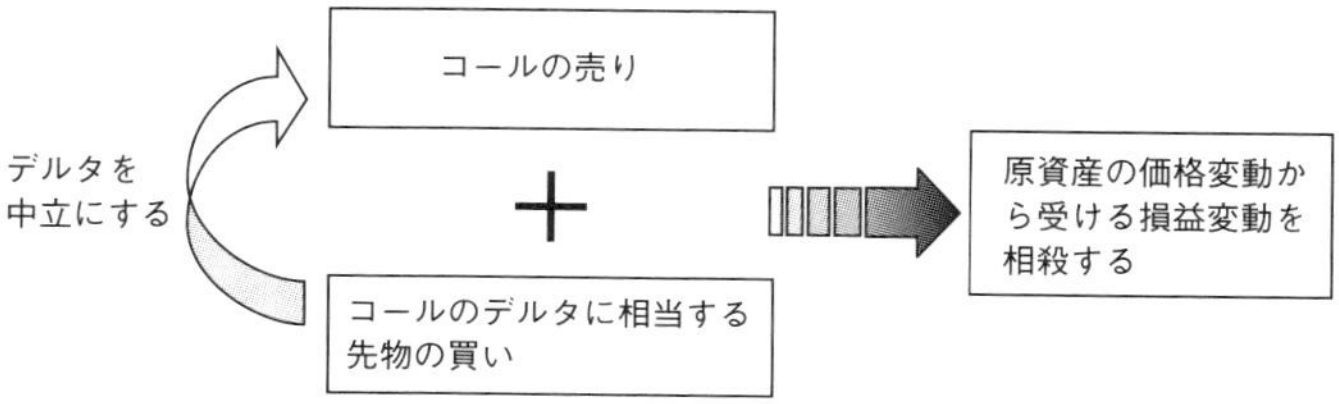

タがゼロから乖離することになり、日経平均株価の変動がポジション全体の損益に大きく影響を及ぼす場合があります。これは、ガンマリスクによるためで、ゼロから乖離したデルタを再びゼロにあわせるためヘッジポジションを調整する必要があります。

他の3つのリスクに対するヘッジは、基本的に先物ではなく、異なった行使価格のオプションや異なった満期日のオプションを組み合わせるという取引になります。この場合、4つのリスクはヘッジを行うことで、相互に影響し、ち密な計算が必要となり、本書の意図する内容ではないので、詳しいヘッジの仕方等に関してはより専門的な解説書に委ねることにします。

2.2　ヘッジのリバランス

デルタを中立にした後に原資産価格が変動すれば、ガンマの値がゼロでなければデルタは中立ではなくなります。ガンマの値が大きければ大きいほど、デルタが中立からずれる程度が大きくなります。

ポジションのガンマの値が正の場合は、原資産価格が下がれば、当初中立であったデルタはマイナスとなるので、デルタを中立にするリバランスは先物を買う取引となります。ポジションのガンマの値が正の場合で、原資産価格が上がれば、当初中立であったデルタはプラスとなるので、デルタを中立にするリバランスは先物を売る取引となります。一方、ポジションのガンマの値が負の場合は、デルタの変化がガンマが正の場合と比べてまったく逆の動きとなります。つまり、ポジションのガンマの値が負の場合は、原資産価格が上がれば、当初中立であったデルタはマイナスとなり、原資産価格が下がれば、当初中立であったデルタはプラスとなります。したがって、もし機械的にデルタを中立にするには、原資産の価格が上がれば先物買い、原資産の価格が下がれば先物売りということになります（図表3－11参照）。

それゆえ、相場が上昇して、買いたくもないのに先物を買わざるを得なくなったり、相場が下落して売りたくもないのに先物を売らざるを得なくなったりするので、精神的にも苦痛を伴い、

図表3-11　ガンマとリバランスの関係

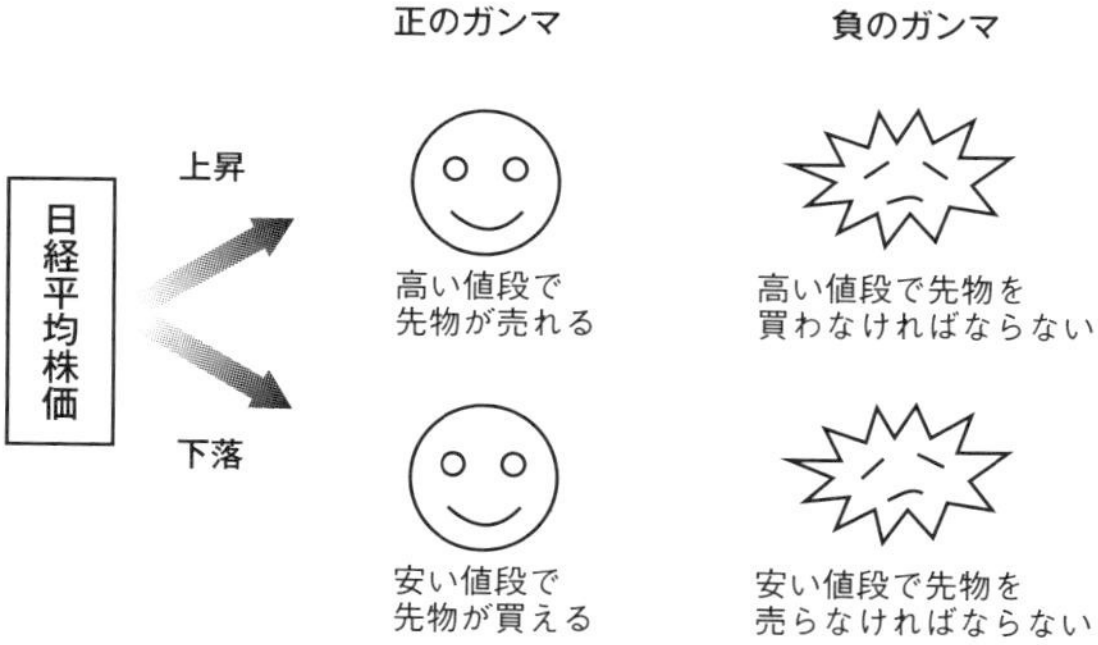

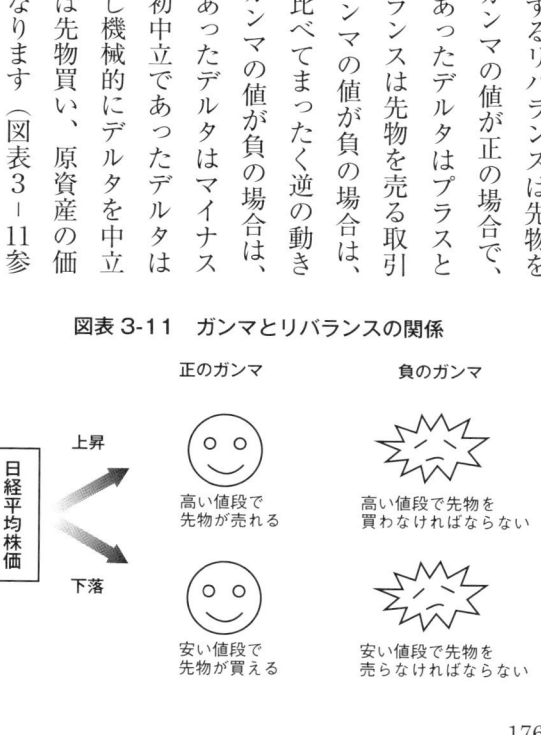

できればあまり頻繁にリバランスを行わないことをお勧めします。最悪の場合、オプションと先物のヘッジの両方で損をすることがあります。したがって、特に初心者の場合は、オプションのスプレッド取引で対応するのが安全策だと考えられます。

このように、ポジションのガンマが「正」か「負」かで、リバランスの取引スタイルがまったく違います。ガンマの値が「負」の場合は、通常オプションの時間的価値の減少を享受するためのポジションであるので、リバランスによる先物取引の損失があっても、オプションの1日分の時間的価値の減少分でその損失分を埋め合わせできればいいわけです。それに対し、ガンマの値が「正」の場合は、オプションの1日分の時間的価値の減少を上回る利益をリバランスによる先物取引で出すことが求められます。

❶ネガティブガンマ（ガンマの値が負）の場合のヘッジの仕方

ガンマの値が負の場合のデルタヘッジの仕方は、基本的にヘッジ取引は頻繁には行わず、原資産価格が節目を超えれば先物買い、節目を下抜けると先物売りのいわゆる「順張り」の取引を基本とするので、相場感が要求されます。ただ、相場に振りまわされて頻繁にこのようなヘッジ取引を行うと、「高値買い、安値売り」の最悪のケースとなるので、あまり動かないスタイルが有効といえるでしょう。

ヘッジ取引での損失は、オプションの1日の時間的価値の減少の額に相当するセータの値以内に抑えるようするのが基本原則です。

❷ポジティブガンマ（ガンマの値が正）の場合のヘッジの仕方

ガンマの値が正の場合のデルタヘッジの仕方は、基本的に原資産価格が上がれば先物売り、原資産価格が下がれば先物を買うという取引方法なので、相場観があまりなくても行うことができます。節目での先物の押し目買い、吹き値売りのいわゆる「逆張り」の取引を行います。原資産価格が一方通行的に、上昇または下落する場合はしばらく様子を見て、相場が動かなくなった段階でリバランスを行います。

ヘッジ取引での利益がオプションの1日の時間的価値の減少の額に相当するセータの値以上でなければ継続的に利益を確保するのは困難となるので、原資産価格の変動が小さくなれば、早めのポジション解消が要求されます。

3　ボラティリティ対応

3.1　ボラティリティの特性を利用した取引

❶ボラティリティが低いときにはオプションの売りが効果的

通常、物を売るのは価格が高いときに売るのが鉄則ですが、オプション取引ではボラティリティが低いとき（したがってオプション価格が安いとき）にオプションを売るのが効果的な場合が多いのです。これは、一見矛盾しているように思えるのですが、ボラティリティが低いときには、株価の変動が少ないと見込まれているので、オプションを売り建てても比較的安全に時間的価値の減少を享受することができるからです。市場が膠着状態に陥り、将来的にも市場に大きな影響を与える要因が見当たらない場合、アクチュアル・ボラティリティが低下するのと並行してオプションのボラティリティが低下します。このようなときがオプションを売るチャンスといえます。

もし、このような状況で、オプションを売り建てることにより利益確定が思いのほか難航している場合は、アクチュアル・ボラティリティがインプライド・ボラティリティ以上である可能性があります。通常インプライド・ボラティリティはアクチュアル・ボラティリティ以上で推移していますが（図表2－15参照）、この関係が逆転した場合、オプションの売りで利益を上げることが難しくなります。こうなった場合はしばらく様子を見る必要があります。

また、ボラティリティが低いときは、期間の短いオプションの売り建てを行い、ボラティリティが上昇する場合に備えて短期売買に徹した作戦が無難です。

❷ 安物買いの銭失い

前項では、オプションの売りはボラティリティの低いときに行うのが効果的と解説しましたが、それは市場が膠着状態に陥り、将来的にも市場に大きな影響を与える要因が見当たらない場合に限ります。

通常、人気のない商品は安いのがあたりまえです。これは安くしなければ買い手がいないからです。オプションも他の商品と同じで、人気が薄れるとボラティリティが下がります（オプションが高いか安いかの判断はボラティリティで判断する。価格で比較しても、意味がない）。ボラティリティが下がって安くなったと思ってそのオプションを買うと、短期的には損をする場合が多いといえます。いわゆる、「安物買いの銭失い」になる場合が多いのです。逆にオプションのボラティリティが上がって高くなったと思ってそのオプションを売ると短期的には損をする場合が多いので要注意といえます。

極端な強気相場や弱気相場のときは、ちょっとした悪材料または好材料で相場が乱高下することがあります。このようなとき、ボラティリティが1日の中でも大きく変動することがあります。市場心理がオプションのボラティリティに大きく反映されるので、このような状況下ではオプション取引には十分な注意が必要です。

❸ボラティリティ曲線とオプション取引

ボラティリティ曲線の傾きは市場の心理状況を物語っているので、それを参考にして取引すれば大きな痛手を被らなくてもすむ場合があります。

弱気相場では、ボラティリティ曲線は図表3－12の③のようになり、ＯＴＭプットのボラティリティは、行使価格が下がれば急上昇します。一方、強気相場では、ＯＴＭプットのボラティリティは行使価格が下がってもそれほど上昇しません（図①）。このため、弱気相場では、ＯＴＭプットは、原資産価格の上昇があっても、ボラティリティの上昇により、価格の下落の度合いが強気相場のときより小さくなります（図表3－5参照）。したがってこのような状況では、日経平均株価が上昇してもOTMプットの売りで利益を上げることが難しくなります。

リーマンショック直後や東日本大震災直後には、OTMプットのボラティリティが極端に高くなり、かつボラティリティ曲線の傾きが図表3－12の③のように緩やかになっていました。このようなときは、相場の下値不安が強いので、相場の上昇に賭けるポジションは控えた方が安全だといえるでしょう。

また、日経平均株価が急激に上昇した場合にも、高値警戒感が強まってくると、プットオプションの買いニーズが高まって、ボラティリティ曲線が③のようになることもあります。このような場合、突然日経平均株価が急落する前触れともとれますので、取引を手控えた方が無難です。

逆に、図表3－12の①のようにボラティリティ曲線の傾きが急勾配になってきた場合は、強気相場であり、日経平均株価が上昇すれ

図表 3-12　ボラティリティ曲線と市場心理

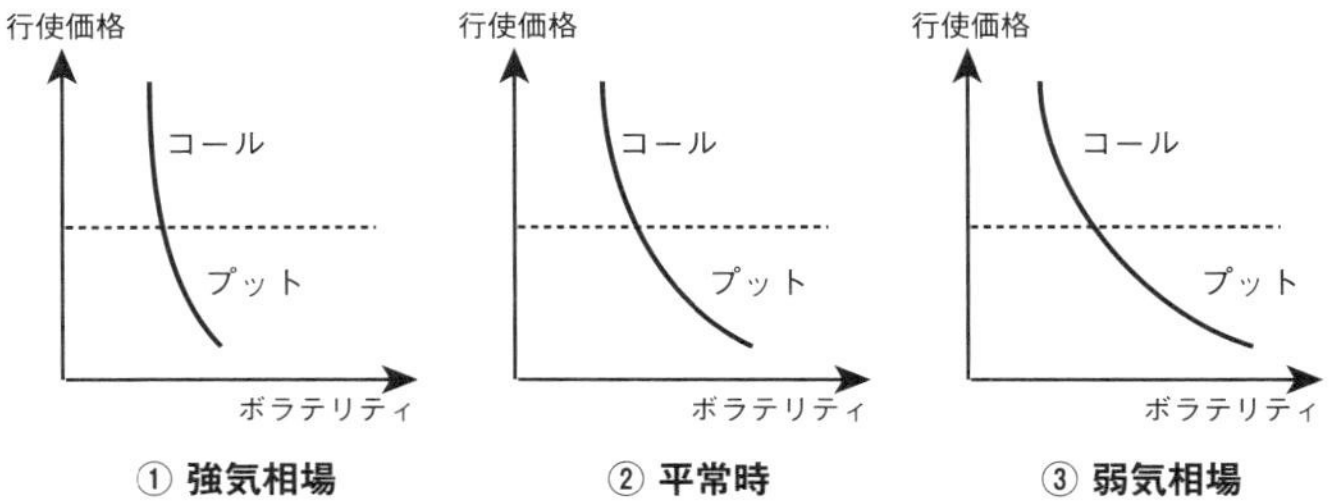

ばＯＴＭプットの売りで利益を上げやすくなります。このようなときは相場の下落に賭けるポジションは控えるべきです。

いずれにしても、強気相場や弱気相場を示唆する現象が現れたときは、市場の心理状況が極端に一方通行の場合が多く、ポジションを取るのは十分に注意を払う必要があります。

3.2 市場のゆがみを利用した取引

❶ボラティリティのゆがみを利用した取引

ボラティリティはＰＡＲＴ２(3)２・３「ボラティリティの特性」で解説したように、投資家の心理状況によって変化する特性がありますが、その特性以外に、曜日によっても規則性があることが多く、月曜日はボラティリティが高く週末にかけボラティリティが低下する傾向があります。これはオプションの時間的価値の減少と密接にかかわっていると思われます。金曜日は週末の時間的価値の減少を見越して、それがオプション価格に反映され、ボラティリティが低下するのではないかと思われます（図表３－13参照）。

オプションを売って時間的価値の減少をねらうのであれば、週の初めにオプションを売り、週の後半に買い戻すことで投資効率を上げることが期待できます。

　金曜日に欧米のマーケットが急騰して、日経平均株価が夜間取引で急騰した場合には、月曜日の寄り付きに、コールオプションの価格がオーバーシュートし、ボラティリティが急騰することがよくあります。

　特に日経平均株価がギャップアップした場合は、コールオプションのボラティリティは寄り付きが高値となりその後下落する傾向にあります。これは、週末2日間のオプションの時間的価値の減少を期待していた投資家が、コールオプションを売り建て、期待を大きく覆されショートカバー※を余儀なくされるからではないかと考えられます。つまり超短期的なパニック現象が生じ、価格がゆがむのではないかと推測されます。この現象は非常に短期的な現象なので、早ければ1時間以内、長くてもその日の午後には投資家が平常心を取り

図表3-13　1週間の中でのボラティリティの動き

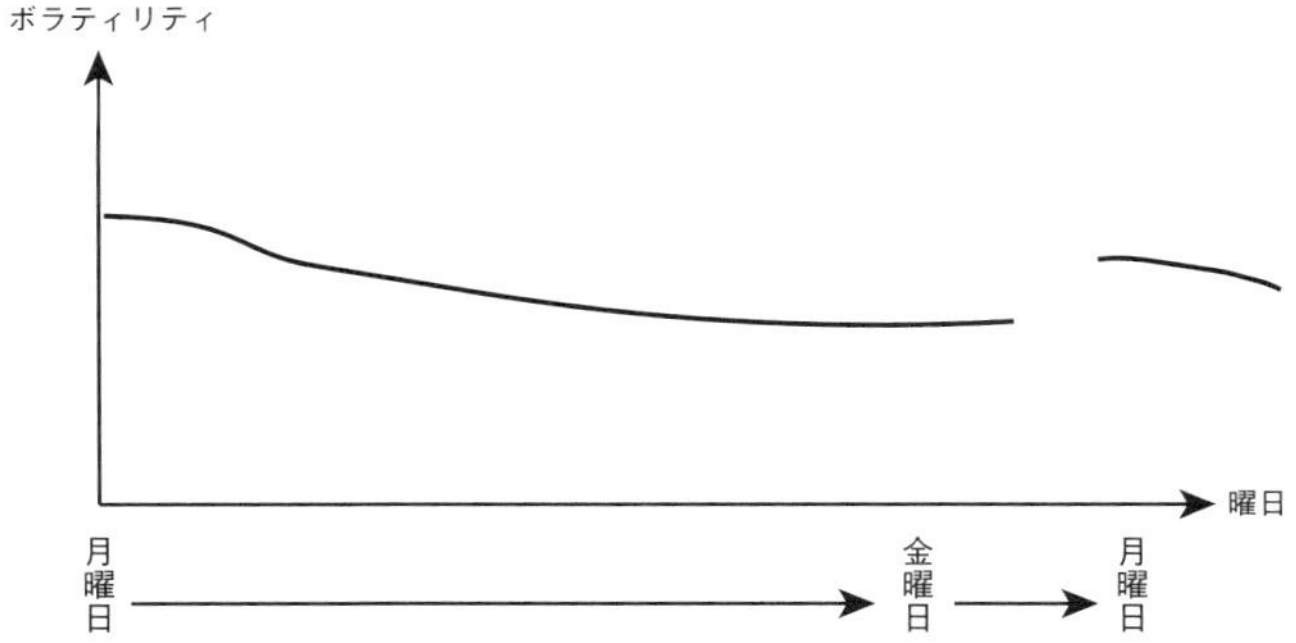

戻し、ゆがみが解消されるものです。

このような状況が生じた場合、寄り付きでコールオプションのボラティリティを売るのが絶好のチャンスとなります。コールオプションのボラティリティを売るには、できるだけＡＴＭに近いＯＴＭのコールオプションを売るのと同時に、コールオプションのデルタに相当する日経平均先物（または日経２２５ミニ）を買い、デルタを中立にします。その後、ボラティリティが低下した時点でコールオプションを買い戻し、同時に買い建てた日経平均先物（または日経２２５ミニ）を売却すれば、利益を確定することができます。

この場合のリスクは、日経平均株価が寄り後に大きく変動した場合、予想に反してボラティリティが低下せず、さらにガンマの影響も加わって損失が発生することです。もし、このような事態が生じた場合は、早めに損失を確定するのが懸命策だといえるでしょう。

日経平均株価が寄り付きでギャップダウンした場合、同じような現象がプットオプションについても散見されますが、プットオプションの場合はコールオプションの場合より注意を要します。というのは、日経平均株価が寄り付きで大きく下落して取引を開始した場合、往々にして寄り後に日経平均先物が急反発する場合があるからです。こんなとき、プットオプションの売りと同時に日経平均先物を売っていれば、日経平均先物で大きな損失が発生し、たとえプットオプションを安く買い戻すことができても、日経平均先物の損失を穴埋めすることはできません。また、寄り付きで日経平均株価がギャップダウンして、さらに株価が下落する場合は下値不安が募り、ボラティリティは下がるどころか上昇する場合もあるので、コールオプションの取引に比べてリスクが高いといえます。

＊ショートカバーとは、売り建玉を買い戻す取引のことをいう。

❷特定の時間帯でのボラティリティの変化を利用した戦術

ボラティリティは1日の中で、特定の時間になるとほぼ決まって上昇したり、下落したりすることがしばらく続くことがあります。たとえば、午後2時半過ぎになるとボラティリティが突然上がったり、また、夜間取引において、午後6時になると突然ボラティリティが上昇し、同様の現象が長く続くことがあります。このような特定の時間は、ヨーロッパの大口投資家がその日の取引を始める時間に合致することが多く、そのような大口投資家の行動に起因した現象だと推測されます。

このように、1日の中で、特定の時間になると規則的にボラティリティが変化することがあります。このような現象はしばらく続く場合が多いので、こうした現象をうまく利用すれば利益に結び付けることができます。

　このような状況を見つけるには、日中のボラティリティの動きを注意深く観察しておくことが必要です。もし継続して同じ時間帯にボラティリティの変化が確認できれば、日中、ボラティリティの低下があった場合は、デルタを中立にしたオプションの買い建玉を増やし、その後ボラティリティが上昇したところで、ポジションを解消すれば利益を生み出すことができます。

　前述したような特定の時間にボラティリティの変化がない場合は、デルタヘッジをしたオプションの買いは、午後1時過ぎには控えた方が無難です。それは、取引時間の終了が近づくと、オプション価格は翌日分の時間的価値の減少を織り込みはじめ、低下する場合があるからです。特に金曜日は週末の時間的価値の減少が大きいので、ベガリスクが大きくなり、デルタヘッジをしたオプションの買いでは損失を被る場

図表 3-14　1日の中でのボラティリティの動き

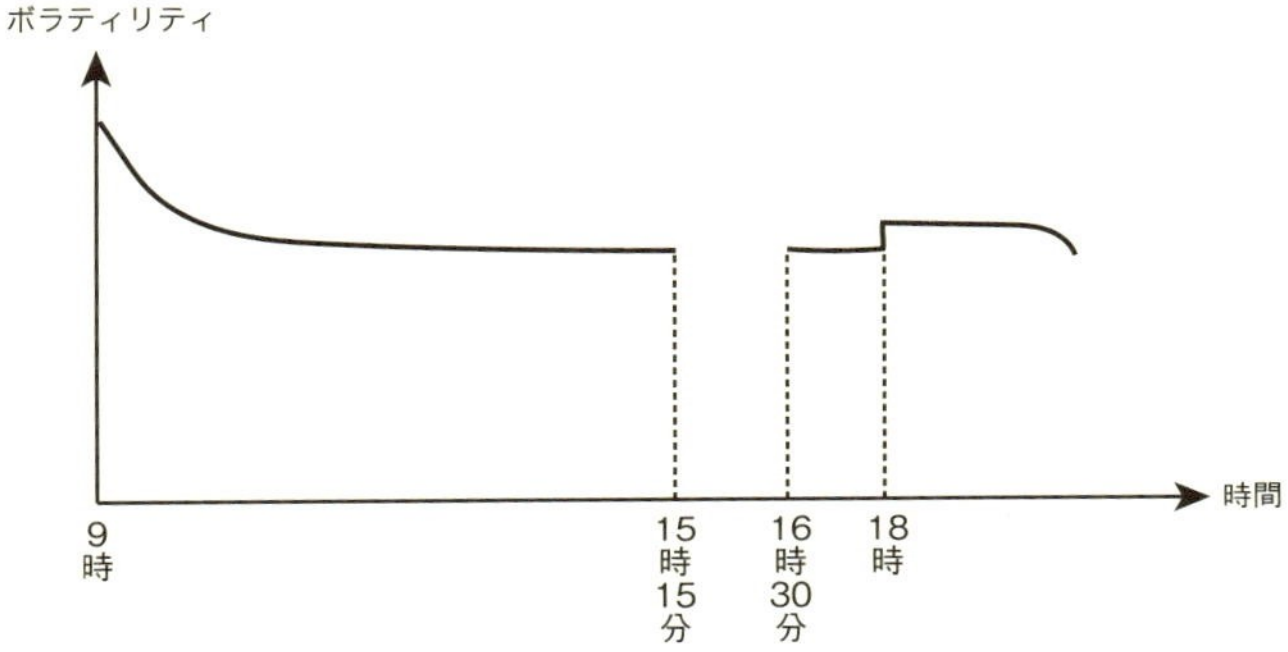

合が多いといえます。

ボラティリティは、重要なイベントがある前に上昇します。これはイベントの発表後に相場が乱高下する場合があるからです。週末に選挙や重要な政治・経済イベントがある場合には、金曜日にもかかわらず、ボラティリティは低下するどころか、上昇する場合もあるので、このようなときは注意を要します。

4　特殊なケース

4.1　異常時の対応

❶不安心理が極端に強い場合は不思議な現象が生じる

1日の中ではコールオプションは、日経平均株価が下がれば通常、価格が下がりますが、極端に下値不安が強い場合は、日経平均株価が下がってもコールオプションの価格が上昇する場合がまれにあります。リーマンショック時や東日本大震災直後に、こういう不思議な現象が生じました。日経平均株価が下がり始めると、不安心理が募り、1日の中でもボラティリティが急上昇し、コールオプションの価格は下がるどころか、上昇する場合がありました。このような状況では、コールオプションを買い建てし、デルタヘッジしたポジション（デルタをややロング＊気味にしたポジション）を作れば、先物のヘッジポジションとコールオプションの買いポジションの両方で、相場の下落に対して利益を生み出すことができます。魔法のような取引が可能になるのです。このような現象は極めてまれですが、相場に大きなショックがあった場合の直後に発生する場合があるので、そのような場合に有効な手段だということを覚えておいてください。

＊　ロングとは、買い持ちの状態のことをいい、「デルタをロングにする」とは、デルタを買い持ちの状態にすることをいう。なお、売り持ちの状態のことを「ショート」といい、ロングと対義的に使われる。

❷ 想定外のことで市場が突然急落した場合の取引

天変地異、テロ攻撃、その他予期せぬ想定外の大惨事が発生した場合、市場は急落し、オプションのボラティリティは急騰します。もし、オプションの売り建玉（特にプットの売り建玉）を保有している場合にこういう事態が起これば、交通事故にあったようなものとあきらめる以外になすすべがありませんが、ひん死の重傷を負うことは避けなければなりません。軽傷ですむための手段として以下のような取引が考えられます。

- プットの売りはプットの買いとのスプレッド取引を基本とし、最大損失額を限定しておく。
- 取引時間中に起こった場合に備えて、評価損が一定の額を超えた場合に自動的に建玉を精算するストップ・ロス・オーダー（損切り注文）を設定しておく。
- 取引時間中に起こった場合の代替手段として、日経平均株価が一定レベル以上変動した場合に逆指値注文等を使って自動的に日経平均先物またはオプションでヘッジする。
- 取引時間外に起こることに備えて、週末にはオプション（特にプット）の売り建玉を減らす。またはディープＯＴＭのプットオプションを一種の保険のようなものと考え、金曜日に相当数買建て、翌週の月曜日にそのプットオプションを返済する。

市場が急落すれば、その後の市場の反発を期待して、コールオプションを買えば儲かると考えがちですが、そうもうまくいくとは限りません。市場が急落した後、相場が落ち着き投資家が平常心をとりもどすまで、オプションのボラティリティは高止まりする傾向があります。そのため相当アウト・オブ・ザ・マネーのコールオプションを買っても、その後市場が落ち着きを取り戻して反発局面に入った場合でも、今度は急騰したボラティリティが大きく低下するので、コールオプションの価格はそれほど上がらない場合があります。

市場が急落した直後には、通常ボラティリティの上昇度合いが期近のオプションと期先のオプションでは異なります。それは、市場参加者が急落はごく一時的とみている場合には、期近のオプションのボラティリティは上昇しますが、期先のオプションのボラティリティはそれほど上昇しません。

期近のオプションと期先のオプションのボラティリティの上昇度合いを見ることで、市場の急落は一時的な現象なのかどうかのおおよその判断ができるといえるでしょう。

この限月間のボラティリティの変化をとらえて、期近オプションの売り、期先オプションの買いも投資妙味がありえます。このような、異なった限月のオプションの売りと買いの組み合わせを限月間スプレッドまたはカレンダースプレッドといいます。限月間スプレッド取引を行うには、限月間のボラティリティの相違に注目しておく必要があります。

相場が急落した場合は、プットオプションの売りで大きく儲けるチャンスだとも考えられますが、大多数の投資家はそれどころか、資金的ゆとりがなくなるのが実情だと考えられます。それゆえなおさらプットオプションの売りは千載一隅のチャンスとなりうるとも考えられます。東日本大地震直後に相場が急落したとき、ヘッジファンド等の海外投資家が日本株を買いあさり大きな利益を上げました。このようなときのためにも、投資資金の３分の１程度は予備資金として証券口座にプールしておきたいものです。

4.2 年末年始やゴールデンウィークのような長い連休がある場合の戦術

年末年始やゴールデンウィークのような長い連休がある場合、その間のオプションの時間的価値の減少が大きいので（特に1月オプションや5月オプションのような長い休み明けにＳＱを迎える期近オプション）、休み前にオプションを売り建てれば、休み明けにオプションの時間的価値の減少により利益が期待できそうですが、現実にはなかなかそうもうまくいかない場合が多いといえます。

長い休みの間に海外マーケットが大きく動き、たとえ休み前にデルタが中立であっても、ガンマの影響でオプションの時間的価値の減少を享受できない場合が特に近年散見されます（10年以上前においてはこのような現象はまれであったといえるのですが）。

休みの期間が長ければ長いほど、オプションの売り建玉を保持することは要注意といえるでしょう。長い休み前にはポジションを少なくして、骨休みすることもときには必要です。

――PART3「オプション取引の実践」まとめ――

●オプション取引では、デイトレードと建玉を翌日以降に持ち越す場合とでは作戦が違ってくるので、取引を始める前に作戦を決めておくことが重要。

●基本を確実に理解すれば、いかなる状況になっても十分対応できるので、基本戦術の確実な理解が必要。

●デルタヘッジはリスクを回避または軽減するための有効な手段となるので習得されるのが望ましい。

●ボラティリティは投資家の心理状況を表しているので、ボラティリティの動きを常日頃観察しておくと取引に役立つ。

エピローグ

わが国では「お金」のことに触れることや「金儲け」のことを論ずることは下品なことだと思われがちです。これは日本の歴史的な背景が影響しているのかもしれませんが、日本より歴史の浅い、多民族国家である米国においては「お金」は生活防衛のための最大の武器であり、わが国のような「金儲け」に対する社会的蔑視はあまり見受けられません。

このような文化的な違いもあって、米国では金融理論に関する研究が盛んなのではないかと考えられます。２０１３年のノーベル経済学賞も、金融商品の資産価格の分析を行った３人の米国の大学教授に贈られました。

グローバルな社会において、わが国における、「お金」、特に「投資」に対する意識改革を行わなければ日本の金融市場は外国人に牛耳られてしまうおそれがあるのではないでしょうか。そうさせないためには証券投資の正しい理解が必要であり、本書の目的もオプション取引の解説だけではなく、投資の基本知識の向上も目指しています。株式投資やＦＸ取引を行っている投資家も理論的な側面を理解することでより効率的に投資が行えると確信しています。ぜひ、読者の皆様も金融理論の知識を深めていただきたいと願っております。

本書では、オプションの基本的な仕組み、特性や投資戦術等を解説しましたが、株式や外国為替のようにオプションも投資家の思惑によって変動するので理屈通りに動くとは限りません。しかし、基本をしっかり理解していれば、対応可能です。

また、本書では、投資目的の手段としてオプション取引を解説しましたが、オプションはヘッジ手段として資産の目減りを補うために使う方法や、既存資産と組み合わせてリターンの向上を目指すために使う方法もあります。

また、オプションには、日経リンク債やＥＢ債といった仕組債といわれる債券等に組み込まれたものや、ＦＸ取引におけるバイナリー・オプションといわれるもののように、本書で解説したオプションと異なった種類のオプションが多く存在します。これらのオプションは本書で解説したオプションの応用であり、基本的な仕組みと特性は頭の体操をすることでおおよその理解は図れると思います。別の機会に、ヘッジ手段等としてのオプションの使い方や、より複雑なオプションの解説を行いたいと思います。

オプション取引を行うには、オプション価格の計算ができるツールを使ってシミュレーションやリスク管理を行うのが望ましいといえます。証券会社やネット上で無料のオプション価格計算ツールが提供されていますので、それらを使ってシミュレーションができるようになればオプション取引がより機動的に行えるようになります。また、楽しさも増してくると思いますので、ぜひ、頑張ってトライしてみてください。

本書を読んで、「オプション取引にチャレンジしてみたい」と感じていただければ筆者にとって実にうれしいことです。また、本書中の間違いや意見の相違、説明不十分な点についてご指摘いただければ幸いです。

索引

＜著者略歴＞

石原 健次郎（いしはら・けんじろう）

京都大学工学部、ミシガン大学経営大学院卒（MBA）
日本証券アナリスト協会検定会員
大手米系投資銀行にて、長年オプションのリスク管理等を任され、
特に日経225オプションに関しては豊富な経験と知識を有する。

オプション取引活用術

2014年10月10日　初版第1刷発行

著　者　石原　健次郎
発行者　酒井　敬男
発行所　ビジネス教育出版社
〒102-0074　東京都千代田区九段南4－7－13
TEL 03-3221-5361（代）FAX 03-3222-7878
E-mail info@bks.co.jp　URL http://www.bks.co.jp

落丁・乱丁はお取り替えします。　印刷・製本　情報印刷株式会社
ISBN978-4-8283-0537-0